U0013807

A·GIFT·TO·MY·CHILDREN

A · G I F T · T O · M Y · C H I L D R E N

A · G I F T · T O · M Y · C H I L D R E N

A・GIFT・TO・MY・CHILDREN

親子館
A5008

A GIFT TO MY CHILDREN:
A Father's Lessons for Life and Investing

投資大師羅傑斯給寶貝女兒的12封信

成功的人生，成功的投資

暢銷回饋版

Jim Rogers 著
洪蘭 譯

遠流出版公司

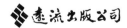

目錄 | Content

的人會被時代淘汰，而得益的是那些能看出改變、擁抱改變的人。

10 面對未來 · 128

把你的眼光放在未來，不要眷戀那些遲早會過時東西，無論你曾經投下多少的時間、精力和金錢。把賭注押在你知道它會長存的東西上面，那些看得見未來的人可以累積財富。

11 反眾道而行 · 136

假如你們在尋找成功的契機，動作快，開始一個新的、沒有人試過的東西。不論什麼時候，只要你感覺自己無所不能時，停下來。什麼事都不要做，坐下來休息一下，克服感染你的烏合之眾心理。

12 幸運女神只眷顧持續努力的人 · 142

一旦踏出追求夢想的第一步，就要盡一切努力。這是你的功課。假如你想成功，絕對不能忽略你該好好準備。假如你涉入自己不懂的事物，那你永遠不會成功。用功讀書，學得越多你才知道你懂得越少。

側寫 羅傑斯：生女兒是我這輩子最好的投資！——單小懿 · 149

推薦序 1

做自己，活出精彩人生

陳怡蓁

看到投資大師吉姆・羅傑斯（Jim Rogers）寫給寶貝女兒的十二封信，很是感動。

這是為人父母對子女的殷殷期盼與牽掛。他談大方向的人生觀念而非教養的細節，對所有人均受用。譯者洪蘭女士，也是我們趨勢教育基金會的董事，文筆優美自不待言，她的簡潔文字讓我們更貼近作者身為一個父親的心境。

吉姆・羅傑斯的諸多看法與我相似。例如他是個投資家，我和先生創立企業，但我們都無意給孩子壓力，要他們繼承事業，反而鼓勵他們做自己，找到自己的熱情所在，從而盡情揮灑。

我的大兒子Jonathan喜愛心理學，便曾為我在趨勢科技負責的「登峰造極」（Paramount）專案一展長才。這個專案我們戲稱為「全球大拜拜」，由全球14位最高階經理人巡迴世界各地共33個分公司（現已為40個分公司），與員工面對面溝通並說明公司的願景與行事計劃，凝聚趨勢人的心。我希望規劃幾個遊戲增進員

A・G I F T・T O・M Y・C H I L D R E N

工了解跨國跨部門團隊合作（team work）的重要性。Jonathan 設計了一個「蓋紙房子」的遊戲——僅僅提供每一隊報紙、刀片與膠帶，要求需在八分鐘內蓋出一座可容納一個人的紙房子。活動效果出奇地好，員工玩得高興，除了欣賞到各國風情的房子，也體會到團隊分工的效能有多大！

過去，我和先生因為創業成為空中飛人，陪伴孩子的時間相對地少，我喜歡趁著全家旅行分享人生體驗，引領孩子具備國際觀，並培養一顆寬廣包容的心。小兒子 Victor 去年和我們前往菲律賓幫助當地社區重建，向來喜愛流行、新新人類的他深受感動，今年要再度參與「夢想起『菲』」專案，盡一份世界公民的責任。

我很欣喜雖然沒能常伴孩子身邊循循善誘，但他們都有自己的想法與見解。

本書的十二封信其實是十二個重要的人生觀念，邀請你細細品嚐，除了濃濃的父愛，還有難得的人生見解。

期望每個人盡情探索興趣與潛能，做自己，活出精彩人生。

（本文作者為趨勢科技文化長）

A・G I F T・T O・M Y・C H I L D R E N

推薦序 2

培養面對未來挑戰的能力

陳藹玲

苦口婆心或噓寒問暖或諄諄教誨，聽在孩子的耳朵裡、特別是青春期一代，都成了囉唆和嘮叨！為免熱臉總是貼上冷屁股，關心的話不但達不到效果、還破壞了感情，溝通是一定要的，只是必須找到最正確的方法！雖然高科技為溝通增加許多途徑，例如手機可以對話或發簡訊，電腦上網 MSN 或 SKYPE，但我認為，寫信（電子郵件也算吧）還是最理想的親子溝通方式！

最近看了兩本親子書信的經典之作，一本是龍應台女士的《給親愛的安德烈》；另一本就是這《投資大師羅傑斯給寶貝女兒的12封信》。龍應台的信、充滿了母親時而澎湃時而溫柔的纖細情感；羅傑斯的則反映了父親們通常有的特色，簡要，直指重點，洞悉未來！

身為成功的投資專家，羅傑斯若是只能提供賺錢的秘訣，就不太能令我為這本書折服。書信中讓我動心的，除了真摯的關愛之外，是他在豐富的人生歷練中孕育出來的智慧，對世界發展趨勢的不凡見解，以及對下一代要因應未來必須培養的能力所做的提醒。

基於過去二十年來、從事關懷青少年相關議題的經驗，富邦文教基金會在今年提出了青少年競爭力的三大面向：一、豐富的語言力，二、對自我及生命的認知，三、資訊及媒體素養。縱觀羅傑斯給女兒面對未來挑戰的建議，其實也正包括了這三個重要能力的培養！說是英雄所見略同，不如說這是大勢之所趨！

羅傑斯給女兒的信，絕對值得父母和孩子一起分享！

（本文作者為富邦文教基金會董事）

推薦序 3

投資人生，Learning to Be Sensible！

曾志朗

又到了驪歌到處飄揚的日子，所有的學校包括大學、中學、小學都緊鑼密鼓的籌辦畢業典禮相關的各項活動，我教書研究所在的陽明大學也不例外，校園內外整理得煥然一新，而校舍、山道、樹林間到處是穿上學士服、碩士服或博士服的學生和他們的家人，喜氣洋洋的拿著數位相機捕捉他們四年、六年、七年、八年，甚或更久的生活記憶，我看著他們燦爛的笑容，分享他們被祝福的眼光，感受到他們青春的活力，心情也因之開朗！在這些日子裡，總覺得自己個人的一生投注教育，因為他們的成長，有了深厚的意義。

陽明大學吳校長來電邀請我在畢業典禮上，為這些即將離開校園，走進社會去就業、創業，以打造自己未來美好生活景象的同學們，說些祝福的話。那時候，我正好讀完吉姆・羅傑斯這位國際知名的股票投資大師寫給他女兒的十二封信，將他一生創業一路走來碰碰撞撞有輸有贏所疊積的失敗與成功的經驗，以及他對未來世界深入分析之後所看出的市場趨勢，寫了下來，建議他今年三月剛出生，以及五月才滿五歲的兩個寶貝女兒，在今後成長的過程裡，如何充實自己的學養與常識，如何培養生活的態度，以及如何做一位有見識的世界公民！

對這十二封言簡意賅的「金玉良言」，我真是非常認同，所以對吳校長的邀約，一口就答應了，對台灣長大的這些正要畢業的同學們，我確實很想要他們仔細去聽聽羅傑斯如何向他的寶貝女兒喊話，因為他談的不只是要她學會精準投資股市的經驗談，更重要的是教她如何準備「投資人生」的哲學觀點！

羅傑斯的十二句箴言分別是：⑴不要讓別人影響你；⑵專注於你所愛；⑶普通常識並不是那麼普通；⑷將世界納入你的眼界；⑸研讀哲學，學會思考；⑹學習歷史；⑺這是中國的世紀，去學中文！⑻真正認識自己；⑼認出改變，擁抱改變；⑽面對未來；⑾反眾道而行；(12)幸運女神只眷顧持續努力的人。這些剛好是十二封信的主題，而貫穿在這十二封愛心信函之間的娓娓細語，就是一再提醒，唯有不停的增長閱歷，才能在深思與反省之間，了解世界的變化；而對變化的不變之道，就是持續的努力去充實自己，建立自我的信心，不要盲目從眾，也不孤芳自賞。做人做事做投資，必須要遵守的一項法則就是：Learning to Be Sensible！

但是要學會做到凡事都 sensible 是很不容易的，除了要有豐富又自然的普通常識之外，還要有同理心，能從「對方」的角度看「我」的行為，並且也能從「第三者」的眼光去界定自我行事風格的品味。所以，大哲學家伏爾泰才會說：「普通常識並不是那麼普通！」

羅傑斯這十二封信最精采的地方，還是他說話的口吻令人感動，表面上是疼愛關心寶貝女兒的未來，實際上則是苦口婆心的在告誡現今的新生代，成功沒有偶然，唯有持續的讓自己跟上世界的變化，才能培養出隨時都能看到機會，然後見機行事，準確出擊，達成目的。他舉的例子都很貼切，而且一點也不落俗套。如他為了突顯未來中國的崛起，他要女兒學中文，請了一位說華語的保母，並讓女兒選一個她自己喜歡的中文名「樂樂」（Happy）；又如他對金磚四國的分析，不但看歷史，也看社會結構和外匯市場，更看交通的建設和管理，然後對未來油價調漲到從來沒能預期的高度時，有否其他替代能源？最後才下了合情合理的結論。我剛好在不久前雙腳踏過這四塊金磚 BRIC（巴西、俄羅斯、印度、中國），對羅傑斯的分析與結論，感到非常佩服。

我在陽明大學以及其他好幾所大學的畢業典禮上，都一再鼓勵學生們詳讀羅傑斯的十二封信，希望他們能從中領會，做一個現代人所必須有的眼光敏銳度和高尚的人格和品味，使他們的「人生投資」非常的成功！

（本文作者為認知神經科學家，中央研究院院士）

推薦序 4

成功的人格特質

黃達夫

我和洪蘭教授一樣，是不買股票的人。如果我逛書店時，看到此書的書名《投資大師羅傑斯給寶貝女兒的12封信》，肯定不會引起我的興趣。結果，我讀了它，完全是因為我相信洪教授會翻譯這本書一定有她的道理。果然，我發現這十二封信中所透露的智慧，對所有年輕人都將很有助益。

書中所闡述要認識自己，做自己，不要讓別人影響你，要專注做自己愛做的事情，要培養邏輯思考能力，學會自己做明智的判斷，不要盲從主流看法、想法等觀念，在傳統華人文化中是比較不被強調的。

尤其在認識自己、做自己方面的探索，正好與當前台灣社會鼓勵競爭、升學至上的思維相互矛盾，更容易造成價值觀的混淆。所以，這個社會上存在著許多讀錯科、選錯行的人。結果出了學校以後，對工作缺乏熱忱，名利的追求成為他們生命的目標。這些人，雖然具有經濟能力，卻無法發揮其潛在的創造力。這樣的生命，不但是個人的損失，也削弱了國家的競爭力。

作者更進一步告誡他的女兒，「事先花時間盡可能的蒐集資訊，詳細研讀每個細節」，「投資和生活一樣，細節往往是成功或失敗的關鍵」，「不管它看似多麼的無關緊要，你必須搜尋、驗證每個訊息」。這種行事的態度不但是在投資時要如此，任何人，只要以這種態度專注做自己愛做的事情，就沒有不成功的道理。

以我最熟悉的醫療工作為例，當醫師面對病人時，他是否對醫學有高度興趣而且具備這種廣泛思考、追根究柢、不放過任何細節的態度與紀律，正是區分一位卓越或平庸醫師的癥結所在。可是，這種特質卻是目前國內醫界最缺乏的東西。我衷心地希望有志於從事醫學的年輕人也能從閱讀這本書而得到啟示。

（本文作者為和信治癌中心醫院院長）

人生智慧與投資智慧的交融

詹宏志

很奇怪的，每次我讀投資大師的書，當他們談投資的時候，我讀到他們的人生體會，而當他們談人生道理的時候，我卻處處讀到他們投資的智慧。

譬如股神華倫・巴菲特（Warren Buffett, 1930-）談投資的時候，說了一句名言：「當別人貪婪的時候，我要感到恐懼；當別人感到恐懼的時候，我要貪婪。」說的本來是投資的時機，以及如何跳脫眾人追高殺低的習慣性；但我聽起來，這句話更像是一種洞悉世情的人生智慧，不是投資計算的公式。

但另一位投資大師吉姆・羅傑斯（Jim Rogers, 1942-）寫給他寶貝女兒的各種人生建議，也就是各位手上這本小書，在我看起來，卻無一不是投資的準則，甚至包含了許多明確的投資建議和「明牌」。

譬如他在一封寫給女兒關於「旅行」的信，鼓勵她將來要多看看世界，最好是親身體驗。信中對所謂的「金磚四國」（BRIC）的投資前景，真正看好的只有中國（幾乎到了毫無保留的地步），對餘下的巴西、印度、俄羅斯，都有各種程度的懷疑與保留，這不是「明牌」是什麼？

他對中國的興趣和信心，大到他要為初生的女兒請一位中國保母，好讓她在襁褓時期就能學會中文，等於是把女兒的一生都投資在中國的前途之上。羅傑斯也看好台灣，因為地理上、文化上台灣與中國如此之近，如果中國興起而不斷快速發展，台灣一定是那個獲利最大的地方。同一封信裡，他又提到他對日本的局限的看法，他認為日本的「排外」（對外國資本、商品進入日本設有很多障礙）和「失去彈性」，是使日本一九八〇年代優勢競爭力不再的原因，因而他鼓勵女兒說，「永遠不要做一個排外者」，要做一個開放的「世界公民」。在這裡，他講的都是投資，但我又看到人生哲理或政治智慧了，他說出了日本競爭力的關鍵，也一語中的地指出台灣走向成功或衰退的關鍵（有沒有智慧和能力與中國和平相處）。

為什麼投資大師說的話和心靈導師如此相似？也許因為所有的「成功者」都有一種洞悉世事人情的能力，他們對一切了然於胸，對世界一切因素的「連動性」有一種直覺式的理解，這使得他們看事情有一種通透的練達，道理也就一通百通了。

編輯朋友也問我，你會為小孩寫些什麼樣的信，提供給他什麼樣的建議？第一，我不曾想過要這樣做；第二，我是一個僥倖在城市裡生存下來的鄉下小孩，我有什麼資格給這位城市裡長大的聰明小孩任何建議？但我也許會好意地說（如果他不同意我也絕不介意），不要投資在股票、地產、債券或黃金，人生最值得投資的就是你自己，給自己讀書學習的機會，給自己看看世界的機會，給自己經歷某種情境的機會……，以後的你會帶財富給自己，或者你已經發現比財富更好的東西，而我們對它一無所知……。

（本文作者為網路家庭國際資訊董事長）

推薦序
5

愛、信念與執行力：趨勢探索的實踐家

謝金河

吉姆．羅傑斯在台灣享有很高的知名度，他是知名的量子基金創辦人。在賺了人生最大一桶金後，他開始騎摩托車、開著賓士車展開 116 個國家的長途旅行，後來他把他的經歷寫成了兩本書，一本是「投資騎車」，一本是「資本家的冒險」，他是最著名的用自己的雙腳，用自己的眼睛尋找投資靈感的投資家。

在二〇〇八年以前，今周刊經常邀請吉姆．羅傑斯先生來台演講，我和他有數面之緣。在中國崛起的年代，他全心全力看好中國，也因為看好中國經濟，他看好原物料將會大漲，因此，也為他博得「商品投資大師」的美名。不過我更欽佩的是他的實踐力，他看好中國的未來，他讓他在六〇歲以後才出生的女兒學中文。

遠流幫羅傑斯先生在二〇〇八年出版的書，書名是《投資大師羅傑斯給寶貝女兒的一封信》，透過投資趨勢大師和女兒的對話，他把趨勢觀察和父親對女兒們的愛，很細膩地表達出來，讓很多為人父、為人母的人驚嘆。

羅傑斯先生在書中表達了對女兒、對家庭濃濃的愛，他說：「這世界上能帶給我最大快樂的是我的家庭！」這只是很簡單的一句話，但羅傑斯說：「我一天二十四小時，一個是星期7天，都離不開我的女兒，你無法想像孩子可以帶給你多少快樂！」這是在冰冷數字底下，羅傑斯真情流露的愛，因此，他寫給女兒的信句句都是肺腑之言。

羅傑斯先生從為女兒定義成功開始，他認為做你熱愛的工作，只要持續保持熱情，在真正熱愛的工作上努力，一定可以找到你的夢想。這也是我常說的「樂在工作」，工作是自己找的，只有樂在工作，才能樂此不疲。羅傑斯雖然是趨勢投資專家，但是給他女兒的信都是為人處世的大道理。

但我佩服羅傑斯的地方是他堅持他的信念，而且堅定不移，不改其志。在中國崛起的初階段，羅傑斯就堅信二十一世紀是屬於中國的，他要他的女兒注意世界正在發生的重大改變，他認為中國人民一向是世界上最好的資本主義者，他要他的女兒熟讀歷史；他認為買中國股票是在買這個國家的未來，而為了把握中國投資機會，他認為要讓你的孩子和孫子學中文。

羅傑斯看好中國大約在一九九〇年代末期，他認為原物料將代表中國，因此，他大力看好商品行情，這個趨勢持續到二〇〇八年金融海嘯之前。一九四二年的羅傑斯後來結婚，二〇〇三年及二〇〇八年生了兩個寶貝女兒，他們定居在新加坡，他為兩個女兒取了中文名字，一個叫樂樂，一個叫碧兒，又為他們請了中文家教。這本書出版了十年，如今大女兒十五歲，小女兒也十歲了。

我好多年沒有見到羅傑斯先生了，他今年七十六歲，年底前他有一趟台灣的旅程，希望能好好與羅傑斯先生敘敘。回頭看羅傑斯先生看好中國的旅程，中國經濟列車仍快速向前奔馳。

去年中國GDP成長率仍達6.9%，中國的外匯儲備達3.19兆美元，中國經濟基本面仍然亮眼，這當中出現的較大變化的是，中國不再依靠原物料，而是新經濟崛起。如今騰訊市值已達5700億美元，阿里巴巴也有5200億美元；騰訊是全球第五大市值企業，阿里巴巴是第七大企業。而中國經濟總量已直逼美國，假如這個趨勢繼續持續下去，中國會是怎樣的國家？也許這等羅傑斯先生為我們揭開下一個謎底。

回頭看羅傑斯先生，他對女兒、對家庭滿滿的愛，他熱愛工作，他對他的投資判斷，堅定不移的執行力，在書中字裡行間句句珠璣。

（本文撰者為財信傳媒集團董事長）

導讀

讓金玉良言進入孩子的心中

洪蘭

人在年輕時都很狂妄自大，自以為什麼都懂，所以當老人要傳授他們的人生經驗時，年輕人都逃之唯恐不及，生怕被逮到了要聽訓。

前人的肩膀讓後人看得更遠

我小時候，父親要我們讀《左傳》，說裡面的故事對我們長大做人很有幫助。十幾歲的孩子哪裡聽得進去？心想：時代不同了，已經作古三千年的人，再怎麼有知識，也不知道現在的社會是怎樣的情形，對我們做人怎麼會有幫助？礙於父命，不得不背，偶爾書背不熟被父親逮到，站在書房挨罵時，眼睛都不時往四周飄，希望有路過的妹妹，假傳聖旨說母親要我去廚房幫忙，救我一命。

想不到現在碰到「疑難雜症」時，腦海裡浮出的解決方法竟然都是《左傳》中的事例，才知道千變萬變，只有人心不變，古人會貪心，今人更貪心。在職場闖蕩之後，開始非常後悔當時沒有多聽我父親一言，學習如何做人，多看我母親一眼，學習如何做菜。這才知道人生有許多事是要自己去磨，磨去銳氣才會接受別人的忠告；才會相信老人的人生經驗真的是金不換，「不聽老人言，吃虧在眼前」不是老人在吹牛。所以現在對教誨孩子的書都極樂於推薦，也是希望年輕人能夠站在前人的肩膀上，看得更高更遠，為他們的人生做更好的規劃與利用。

這本書非常簡短，總共才十二篇文章，但這是一個六十多歲得子的「老人」（很不敢用這個字，因為有一次在餐廳吃飯，朋友聽到電視主播說「有個五十四歲的老媼……」立刻大怒，因為我們全桌皆為老媼矣），晚年得女非常興奮，也怕自己年事已高，來不及看到女兒長大成年，所以把他一生做股票投資成功的經驗寫下來，一方面教他的女兒，一方面出書賣錢，既達到教女兒的目的，同時也坐收版稅，一舉兩得。這位作者真是位精明能幹的商人！他能在三十七歲就賺飽了退休，真的是有兩把刷子。

成功屬於做足準備的人

我會翻譯這本書是因為裡面有許多話是金玉良言，不但對投資股票的人很有用，對我們一般不作股票的人也很有用。這些基本做人做事的道理，可以用到人生的各個處境、各個階段，不僅是針對年輕初出道的投資者而已。

例如他一再告誡女兒，要先把所有可以蒐集到的資訊都讀完，不懂的地方都弄懂後，才可以去投資，不可盲從。這句話真的是放諸四海皆準，大部分的投資失敗是沒有全盤了解那家公司的營運，它檯面下的那本帳本沒有看到。在社會上，我們看到太多人，認識沒幾天，知人不深便步入婚姻，結果賠上一生；太多人，一窩蜂盲目從眾，投資下去，結果血本無歸。要看得準，必要條件是資訊充足，這句話實在是很好的忠告，在作學問上又何嘗不是呢？

從書中，我們看到他會成功就是他花了很多時間讀相關的資訊，他還怕報紙或別人的報導不正確，有偏見，會誤導他，所有重要的投資他都親自到當地考察。他對他女兒說看當地有沒有黑市就知道這個國家金融的穩定性，這句話也是一針見血。我小時候，台灣是有美金黑市的，而且價錢比台灣銀行公定的高很多，但是貨幣市場一開放後，黑市就自然消失了。我們也看到政治的穩定對國外投資者心態的影響，難怪今年立委選舉第二天，大量外資湧入，股市立刻翻盤。

洞悉中國的改變

書中寫到他去過大陸多次，每次看到的感覺，令我們不免傷心：別人在往上爬，我們在往下溜。他看準大陸十三億人口的市場，也看到大陸政治穩定、經濟政策開放後，外商有利可圖，所以他敢投資大陸；他甚至請了中國的保母，讓女兒一出生就學講中文，他認為以後中文一定會變成國際通用的語言之一。現在在波士頓、紐約等大都會城市，已有許多富商從大陸聘請大學生到美國做保母，因為他們要下一代能說標準流利的上層社會華語。

外國人對事情考慮之深、之遠，令人佩服。反而是我們因為政治因素硬用通用拼音，把史丹佛國語中心讓給了北京，使大量想學中文的人去了北京而沒有來台灣。

翻譯這本書時，一邊翻，一邊感嘆，在貿易競爭激烈的時代，政府應該打前鋒，替台商鋪路，而不是罵商人無祖國，是台奸。其實只要心繫祖國，不管他拿的是綠卡、藍卡，他賺的錢還是匯回家鄉的。我們應該看行為，看他的心向，而不是看卡片。

投資準則＝做人道理

這本書裡唯一遺憾的是羅傑斯先生只有教他女兒如何賺錢，卻沒有教她如何用錢，賺錢固然重要，賺來了怎麼花才有意義，更是重要。

在急功近利的社會，跟年輕人說做人道理沒有人會聽，但是透過「發財」之道，說不定這些人生的金玉良言可以進入孩子的心中，這是我翻譯這本書的第二個原因。教育一定要從動機著手，再好的理論、再高的價值，他沒有興趣也是枉然，希望透過閱讀這本書使年輕人的人生更圓滿，此生可以像作者一樣沒有遺憾。

譯本書時不巧得了重傷風，我希望在「搏命」譯完這本書之後，有人能把這十二條投資準則記入心中，使他的人生更上一層樓，以不枉我一手拿衛生紙、一手寫字的苦心。

前言｜Introduction

這本書與我過去寫的書很不同，過去的書都是關於這個世界的探險、我對生活的哲學態度及如何把握機會賺錢。這本書，則將這些融為書信的形式；對象是我的最新探險：我那兩個在二〇〇三年及二〇〇八年出生的寶貝女兒。

過去我一向認為孩子是浪費時間、金錢和精力的討厭鬼，我對有孩子的人都表達萬分的同情，我以為自己永遠不會做這麼愚蠢的事。沒想到我真是大錯特錯。

現在我一天二十四小時、一個星期七天都離不開我的女兒。事實上，假如有讀者還沒有小孩，我會勸你趕緊回去「做人」。必要的話，請個一天或兩天的假，你無法想像孩子可以帶給你多少的樂趣。我到年紀很大時才成為父親，所以有很多的經驗可以教我的女兒。假如我在二十、三十、四十甚至五十歲就做父親的話，對孩子、孩子的母親和我自己都會是夢魘，但是現在我已有時間、精力和經驗，可以享受我最新的樂趣。

這本書是寫給我兩個尚未識字的女兒的，因為這些是我希望她們在長大的過程中能知道的重要生活知識。不過它對一般人也有幫助，因為裡面有很多教訓是我從做投資家和冒險家的過程中學來的，對所有投資者和父母都適用，例如，不要跟隨群眾，要有自己的看法，小心那些男孩……。

所以，我把這些經驗融入一本書中，希望它能幫助所有人度過生活的種種難關，不論我們是公民、父母、投資者、孩子或是任何人。

給我的寶貝女兒

你們的父親是位投資家，他是個勤奮的人，盡其所能地學習新的知識來賺錢，所以才能在三十七歲時退休。

我想告訴你們我從這些經驗中所學到的東西。

我是個鄉下來的孩子，一心想著如何賺到足夠的錢使自己自由自在，毋須聽人使喚。我五歲時就在棒球場撿空可樂瓶換錢，這是我第一個賺錢的工作，六歲時就在球場中有自己的攤子。最後我到了華爾街，在這裡我發現最佳的賺錢機會──竟然有人付錢給我發揮我的熱情，獎賞我對這個世界的無邊好奇。一旦賺夠了足以讓我退休的財富，我就不再需要工作，也因此可以隨心所欲的環遊世界，並滿足我想知道世界是怎麼運轉的學習熱忱。

還是個孩子的時候，我就喜歡找事做，而且大多做得相當成功。但現在，這世界上能帶給我最大快樂的是我的家庭。為了你們兩個，我要與你們分享下面這些應該知道的重要事情，使你們也能過成功的日子。

1

不要讓別人影響你

假如周遭的人都勸你不要做某件事，
甚至嘲笑你根本不該想去做，
就可以把這件事當做可能成功的指標。
這個道理非常重要，你一定要了解：
與眾人反向而行需要勇氣。
事實是，這世界上從不曾有哪個人是只靠「從眾」而成功的。

善用自己的智慧

在生命中總會有某個時刻需要你下非常重要的決定——關於你的工作、家庭、生活，關於住在哪裡，關於怎麼投資你的金錢。這時會有很多人願意提供你忠告，但是記住這句話：你的生活是你自己的，不是別人的。

別人的忠告當然有對的時候，但事後證明這些忠告無用的次數卻更多。你必須靠自己研究——盡可能學習面對挑戰的本事，自行判斷訊息的真偽並為自己做決定。

你天生就有能力為自己的最大利益下最好的決策，在大多數的情況下，經過自己的思索比違背自己的意願而聽從他人的決定，更能做出正確的決策並採取正確的行動。

過去，我在幾個重要的投資決策上曾經聽從別人的勸告而忽略自己內心的決定。奇怪得很，每一次這樣的投資都失敗，每一次都讓我損失慘重。

於是我不再讓別人影響我，並根據自己所下的決定採取行動。直到年過三十，我終於了解這才是最佳的投資之道；但我同時也知道，我之所以會成功是因為自己遵照這個原則，而不去想會不會太遲了。

我記得小時候讀過一篇關於游泳健將唐娜・迪薇羅娜（Donna de Varona）的報導，報導指出早期她是個不錯但並非頂尖的游泳選手，但是她後來卻在奧運中拿到兩面金牌，究竟發生什麼事了?!她回答記者：「以前我老是在注意別的游泳選手，但是之後我就學會無視於他們，游我自己的泳。」

我的父母和祖父母把這個觀念深烙在我的腦海中：永遠不要問別人他賺多少錢，也不要與別人討論你賺多少錢或你有多少錢。

假如每個人都嘲笑你的想法，這就是可能成功的指標！

假如周遭的人都勸你不要做某件事，甚至嘲笑你根本不該想去做，就可以把這件事當做可能成功的指標。這個道理非常重要，你一定要了解：與眾人反向而行是很需要勇氣的。事實是，這世界上從不曾有哪個人是只靠「從眾」（follow the crowd）而成功的。

我用中國給你舉個例子。過去人家都說那不是一個值得投資的國家，而事實上，直到一九九〇年代晚期之前，幾乎沒有西方人真的試著在中國投資過。但是假如當時有人把錢投資在中國的話，他現在已經發大財了。

在一九八〇年代，我發現中國大有潛力，於是開始盡我所能的蒐集中國的資料，開始在這裡投資。當時大部分人都認為我瘋了才會這麼做，他們說這個食古不化、不知變通的共產國家，絕對不會允許外國人在這裡投資成功，而且他們會沒收成功者的財產。但我聽從自己的直覺，盡可能的判讀所有找得到的有關中國各種局勢的文件，也實地參訪好些地方做自己的研究。邏輯很簡單：那個國家有超過十億的人口，他們的**儲蓄率**高得驚人──超過年收入的三分之一──而這些錢是他們可以用來投資的。一個有這麼高儲蓄率的國家，怎麼可能不會成長？

相反的，看看美國。在一九九〇年代我第一次環球旅行時，美國的儲蓄率只有百分之四，現在甚至跌到只剩百分之二，雪上加霜的是，美國還有嚴重的財政危機。當別人相信一些「常識」認為投資中國太冒險時，我聽從自己的判斷，大膽的投資中國。從那時開始，中國的成長已遠遠超越美國和絕大部分世界上的其他國家。

＊ **儲蓄率：**儲蓄率＝（GNI －消費＋經常移轉收支淨額）/ GNI，或（GDP －消費＋經常移轉收支淨額）/ GDP。GNI 為國民所得毛額；GDP 為國內生產毛額。

做你自己

仔細觀察每個領域的成功者，不論是音樂家、藝術家或是什麼專家，他們之所以成功都不是因為模仿別人。有任何人因為看著別人的作為有樣學樣而成功的嗎？

以**惠普科技**（Hewlett Packard）為例，他們能脫穎而出，就是因為他們做的是與眾不同的事。要做別人不敢做、不願做的事，你得有熱情與勇氣，而成功永遠降臨在那些大膽冒險、敢走別人不走的路的人身上。這正是為什麼惠普能成為一家重要的公司，惠普永遠不怕跳得太高，即使可能因此使一些產品賣不出去或報廢，也勇於嘗試新的機會。

我要你以這種勇氣追求自己的理想與抱負。父親是個成功的投資家，不代表你也必須成為投資家。我希望你做到的，就是做你自己，一個忠於自我、獨一無二的自己。

但是你一定、一定要記得，在做你認為是對的事情之前，要盡自己所能的先做好功課。找出任何可以到手的資料，仔細研究，徹底分析，直到完全確定你的想法是正確的。絕對不要在還沒這麼做之前採取任何行動。你會發現，那些不成功的人通常是沒有花時間研究就貿然涉入一個他們不了解的東西，更糟的是，他們拒絕學習，結果賠上了寶貴的時間與金錢。

你不必聽我的，但一定要遵循倫理道德

隨著你從牙牙學語到長大成人，我會持續不斷給你忠告。總會有我不贊成你的選擇的時候，但你不必因為我是父親而接受我說的每一句話。我視你為一個獨立自主的個體，只要你用自己的判斷做

＊ **惠普科技（簡稱 HP）**：全球性資訊科技公司，主要專注於印表機、數位影像、軟體、計算機與資訊服務等業務。

自己認為對的事，爸都支持你。

你可以不管世俗的看法、常識，以及一般人所謂的「教條」，但是必須遵守一個社會能夠生存所必備的道德規範，而且有很好的理由信守不疑。一個值得尊敬的人絕對不鑽法律漏洞或走後門，雖然在當下看起來可能吃了點虧，但是長遠看來，終究是贏家。很多聰明人身陷泥淖，是因為他們想走捷徑，或用不合法的方式賺錢。他們那麼聰明，只要肯把聰明用在正途上，循合法的途徑一定會賺到錢，但是他們沒有這樣做，結果因為抄捷徑而蒙受損失。

學會終生儲蓄

你會碰到有些人鼓勵你隨心所欲的花錢，他們會告訴你，錢財是生不帶來、死不帶去。等你漸漸長大，就會開始有每天上昂貴的館子吃飯、買最新型的手機、穿最流行的時裝、去有名的地方度假的朋友。一定要避免只因為你花得起就拚命花錢這樣的陷阱——這不僅是通往破產之路，也是使你忘卻什麼是生命的目的之路。我不是說永遠不要到外面吃飯或度假或買任何東西，只是說你應該有智慧的花自己的錢，買真正值得買的東西，把錢花在刀口上，得到最大、最值得的獲益。

樂樂，你已經有五個小撲滿，也總是很高興的把錢投入其中，請繼續存錢。那些懂得儲蓄、明智投資的人，就是生活最無憂的人。也請你幫我一起教你的妹妹碧兒（Bee）關於儲蓄的重要。

永遠不要問別人這個東西多少錢買的，
也不要告訴別人你的東西是多少錢買的。

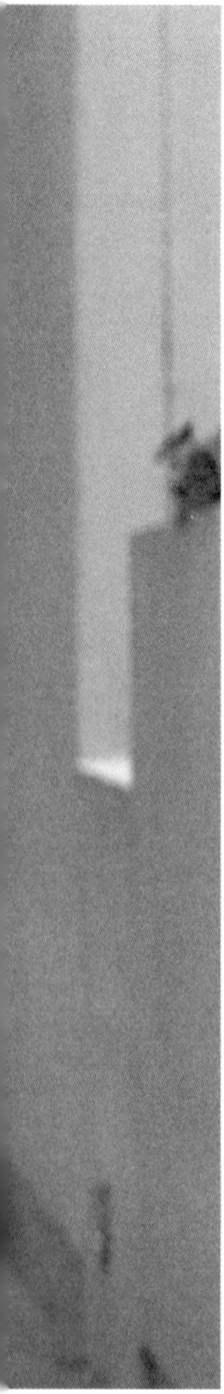

2

專注於你所愛

怎樣才會成功呢？答案非常簡單：做你熱愛的事。

我在投資方面會成功，因為那是我最喜歡做的事。

當你剛開始做一件事時，

並不見得有一幅具體圖像或對未來的想像；

但是只要你持續保持熱情，在真正熱愛的工作上努力，

你一定會找到那個夢想的。

年齡和你想做什麼事無關

在我開始第一個事業時，我是個六歲的企業家。你或許會覺得太早了點吧，其實年齡與你想開始做什麼事並不相干。我寧可花時間在棒球場撿空瓶子換錢，也不願花時間在場上跟朋友打棒球。我在六歲時，第一次借到錢來開展自己的事業。我買了一部賣花生米和可樂的小推車，在兒童棒球聯盟比賽時成功的賺了不少錢。五年之後，我不但還清了向我父親借貸的錢，銀行裡還有一百美元的存款。

在大學時代，當我第一次拿部分獎學金基金做投資時，我發現自己比較喜歡投資而非創業，應該成為一個投資家。

當你發現有一件事是你感興趣的，別讓年齡牽絆你，去做就是了。

全心投入你最有熱情的東西

該怎麼做才會成功呢？答案非常簡單：做你熱愛的事。我在投資方面會成功，因為那是我最喜歡做的事。但你不必非得成為一位投資家。假如你喜歡燒菜，就開一間自己的餐館；假如你擅長跳舞，就去學跳舞；假如你喜歡做園丁，說不定你以後會有一家全球園藝連鎖店。想成功最快的方法是做你喜歡做的事，然後全力以赴。

對我來說，研究世界各地發生的事並且知道得透徹詳細是我的樂趣。早在學生時代，我就對世界各國的歷史地理深感興趣。當我到華爾街工作時，我發現真的有人願意付錢買我的知識：比如，智利的革命會使銅的價格上漲。不論我有沒有獲得報酬，我一向熱中於研讀世界各地的歷史與當下的事件。

只要負擔得起基本的生活費用，我會很高興免費研究這些事。

當你漸漸長大後，你得處理男孩子的問題。我希望能夠永遠在一旁給你忠告，你要記住的基本原則是：他們需要你遠大於你需要他們。

能做自己喜歡做的事的人，他們不是在「上班」，而是每天迫不及待睜開眼睛，趕快去享受工作的樂趣。

假如我嘗試從事別的行當，如時裝設計，我的生活會很不如意。即使到現在，我對衣著還是沒什麼概念，我從來不知道什麼顏色要搭配什麼顏色，因為我對衣服一點興趣也沒有，因此我也不可能在時裝界有所成就。這正是為什麼我說要從你最喜歡、最感興趣的地方著手開始你的事業。

假如選擇一個你不關心的領域，你就不可能有希望獲得成功。

成功和失敗的關鍵在注意細節

假如你喜歡且關心自己所做的事，自然會想把它們做得最好。投資和生活一樣，細節往往是成功或失敗的關鍵。所以你不能忽略任何細節，不管它看似多麼的無關緊要，你必須搜尋、驗證每個訊息，只要與你的投資決策有關，都不能掉以輕心。任何讓你覺得不安的問題或感覺，都要找出答案來。大部分人之所以不成功，原因往往出在研究不夠徹底，只看他們隨手可拿到的資訊。唯有系統化、鉅細靡遺的研究，你才會得到成功所需的知識。當然這需要勤奮的下苦功，但是這種努力的代價足以使你比別人佔優勢。

當我在耶魯大學（Yale University）念書時，有位同學問我，我花了多少時間準備考試。他認為花五個小時準備就很夠用了。我無法回答自己花了多少時間，因為我根本一直在讀書、溫習功課。來自阿拉巴馬的窮鄉僻壤，能夠進入耶魯大學就足以讓我頭昏了，大部分其他同學都來自有名的高中，根基都比我好。我唯一比他們強的地方是我比他們用功，我盡可能的讀書，我認為沒有「我已經準備得夠好了」這回事。

狂熱追求時，男孩會告訴你上百萬個故事，不要理會那些故事。相信我的話，我比他們更知道，我能告訴你的謊話比他們的更有說服力。

假如你要追求一樣東西，包括投資在內，千萬不要低估勤勞的價值。仔細研讀每一份你所能拿到的財務報表，包括附加的細節註解；求證每一份報表的正確性，以及最高管理階層預估這家公司的未來走向、未來產值。自己「動腳」找出他們的顧客、廠商、競爭的同業，以及任何可能影響公司營運的人，問他們細節以求證報表的真實性。除非你有把握自己比百分之九十八的華爾街投資分析家更了解這家公司，否則不要把錢投進去。沒有額外的努力與付出，成功是不會落在你身上的。

做個自動自發的人

我十四歲時的一個星期六早晨，正為在貧民區中開店的秦克叔叔工作。那天生意清淡得很，但是我並沒有閒著，因為我父親告訴我：「你永遠可以找到你能做的事，假如真的沒事做，就拿抹布把貨架擦乾淨。」所以我那天就拿著抹布擦置物架。叔叔看到我不必叫就自己主動找事情做，感動之餘加了我薪水。

四、五年後，我以同樣的主動性贏得我當時的老闆——一位營造商——的加薪。我不會用鐵鎚釘釘子，另外兩名員工老早就對老闆指出這一點。老闆對他們說：「隨便你們怎麼說，這個孩子的手從來沒有停下來過。他有敬業的態度，我要他替我工作。」最後，我學會如何使用這些工具，更學到了寶貴的技術。

要能說：「我確定。」

只是「認為」這東西有價值不能構成投資的理由。除非你能很「確定」這個東西有價值，不然不要投資。

當你聽到無稽的諾言、奉承你的話時，忠於你自己及你的普通常識，不要追隨一個男孩到不同的學校、城市、工作，或任何其他的場所。

在一九六〇年代，**通用汽車公司**（General Motors）是全世界最成功的公司，股票非常值錢。一位分析師來到通用董事會對他們說：「日本人就要來了。」沒人理會他，連問一下這句話是什麼意思都沒有；而那些有做功課的人，老早已經把他們手中的「高價」通用股票賣掉，換成**豐田汽車**（Toyota）的股票。

直到一九九〇年代，**西爾斯百貨**（Sears）一直都是最貴的股票（譯註：西爾斯是最早用郵購方式直銷的百貨公司）。當時沒有人注意到一家股票很便宜但一直持續成長的公司：**沃爾瑪**（Wal-Mart），因為沒有人願意花功夫看一看美國的小鎮發生了什麼事。那些肯花時間觀察的人買了沃爾瑪的股票，而不是西爾斯、ＪＣ**潘尼百貨**（J.C. Penny）或其他「有價值」公司的股票。

當你打算在某個國家大量投資時，要先查一下這個國家基礎制度的強度。它的人民守法嗎？它有抓貪污掃黑除賄嗎？它的法律保

* **通用汽車公司（簡稱 GM）**：全球數一數二汽車製造商，總部設在美國。旗下擁有別克、凱迪拉克等十幾個品牌。
* **豐田汽車**：總部位於日本，2008 年成為全球最大的汽車製造商。
* **西爾斯百貨**：美國中型跨國連鎖百貨，創立於 1886 年，以郵購起家，20世紀中成為全美最大零售業者，型錄深受歡迎。二次世界大戰後消費者結構改變與零售環境競爭劇烈，榮景不再。

障守法的公司嗎？要做到這件事，不是讀讀報章雜誌所寫的東西就可以了，你必須親自到那個國家看看，比如有沒有貨幣黑市，假如有，你就知道這個國家有問題。黑市匯率只有在政府強制管制時才會出現。

政府匯兌率與黑市匯兌率之間的差異大小，代表了這個國家的問題有多嚴重。這是一個指標，就像人發燒的溫度越高，病情越嚴重，公訂的與黑市的匯率差異越大，這個國家的問題就越嚴重。一九八〇年代後期，在中國黑市美元的匯率可以比公訂的高出百分之五十，因為當時中國有各種問題而且正歷經一段嚴重的通貨膨脹時期。幾年之後，這個差異降到百分之二十五；到一九九九年，更只剩百分之十。這個事實是中國經濟成長的明證，這也是為什麼我會投資到這個國家。我不是「只認為」中國有價值，我是「的確知道」中國有價值。

＊ **沃爾瑪**：美國的全球連鎖企業，營業額舉世第一。主要涉足零售業。連續三年在美國《財星》雜誌全球 500 大企業中居首。

＊ **JC 潘尼百貨**：遍及全美之中型連鎖百貨，亦為美國最大商品型錄公司。1902 年成立，近年不斷積極轉型，其中電子商務相當成功，並自創多種品牌。

在一個國家還有問題、尚未穩定下來時就前往投資，會得到巨大的報酬，但這唯有在看得見正向的改革即將來臨時才可以為之。一九九一年時，祕魯的股價非常低，因為當時在打內戰，但是那些知道情況會好轉的人後來發了大財。辛巴威股價在千禧年時也非常便宜，但是那些非常低價的股市後來崩盤了，因為這個國家的情況江河日下。

擁抱著夢想過一生

一如我在前面說過的，假使你對自己的工作沒有熱情，它就只是工作。但是除了一個可以滿足你的工作，你還需要有夢想。當我五歲開始第一個事業時，我認為賺錢是很有趣的事，但我並非真的有個更長遠的計畫。隨著持續的努力工作之後，透過工作我接觸到世界上不同的文化和不同的人，這才發現我的夢想是盡可能的探索和學習，所以在三十七歲時，我開始騎摩托車環遊世界。你瞧，當你剛開始做一件事時，並不見得有一幅具體圖像或對未來的想像；但是只要持續保持熱情，在真正熱愛的工作上努力，你一定會找到那個夢想的。

在我生命的此時此刻，我的熱情和生活焦點是你們，這正是為什麼我要盡可能的陪伴你們。你們兩個是我的夢想，我唯一的冀求是你們能夠做你們愛做的事，懷抱夢想度過聰明、有趣的一生。

3

普通常識並不是那麼普通

許多人都會盲目的相信別人告訴他的話，

假如你真的想成功，千萬千萬不能隨意聽信別人的話。

親自檢視每一件事，用你的眼睛驗證每一件事。

美國名將巴頓將軍說：

「當每個人的想法一致時，就表示根本沒有人在用大腦。」

這就是最好的提醒。

I'M THE
DADDY
Inglesina

大部分人公認的智慧是個迷思

你必須為自己獨立思考。當你走過人生的旅程時，你會遭遇到很多被冠以「真理」之名的傳統智慧（conventional wisdom），告訴你什麼是該學習的，什麼是該做的行為、該吃的東西，或者該怎麼投資。你一定要記得，永遠不要接受任何聽到或看到的東西，除非你先想過有沒有其他的可能性解釋。很多大眾社會相信的東西常常是錯的，讓我向你解釋如何從普通常識中找出它的意義。

下面是一個很好的例子，讓你看到大家都相信的東西有可能錯得非常離譜：一九七三到七四年間，因為國防預算被砍，美國國防工業的股票大跌，沒有人敢買任何與國防有關的股票。傳統智慧告訴你國防工業的股票還會再跌。但是未來國防的支出一定會再增加，當然就會帶動國防工業的股票價值，這一點相信是不難了解的：美國軍隊因為越戰的關係削減了十分之一，此時需要重建，而一九七三年的以阿戰爭也顯露出美國的軍備在這個動盪的世界中是不足的。後來發展的結果正好與一般人預期的相反，美國的國防股票大漲，有些國防工業的股票甚至漲了一百倍。

再舉另一個例子，一九七〇年時一桶原油才三美元。大部分的「專家」認為油價不會上升，許多人甚至相信新的工業技術，如鑽油的鑽頭、深海的探油及海平面採油，加上在阿拉斯加、墨西哥及北海發現的油礦，會進一步壓低油價。但是，仔細的研究發現石油**供給**會遠遠趕不上**需求**。知道原油價格終究會上升的理由再簡單不過了：供給減少的速度快於新的原油注入市場的速度。這是經濟學最基本的普通常識：假如需求上升，價格會隨之上升；但是假如供應量增加，價格就下跌！當需求不斷增加，供應卻持續減少時，不就預示了價格一定會上升。

＊ **供給／需求：**當市場供給量大於需求量時，會令供給過剩，於是市場價格會下跌；當市場供給量小於需求量時，會令需求不足，則價格就會上漲。就消費者而言，東西貴了就少買點，便宜就多買點（需求面）；就供給者而言，東西值錢就多生產點，不值錢就少生產點（供給面）。

一九七一年左右我之所以投資在原油上，是因為當絕大多數人認為油價會繼續下跌時，我的研究支持我自己的「普通常識」：油價會上升。到一九八〇年，一桶原油的價格是三十五美元，比我投資當時足足漲了十倍！到那個時候，每個人——包括當時低估原油價值的人——都拚命嘶喊著要投資原油。很顯然的，市場過熱了，大家一窩蜂的探油。在一九六〇年代發現的油田現在開始上市了。當小車越來越流行時，汽油的需求量隨之減少，人們開始自我調節。到一九七八年，產量超過消耗，這是這麼多年來第一次供給大於需求。所以我就賣出手上的股票，直到一九九八年才再投資到原油上。

一九九八年當我重新投資原油時，原油一桶不過十五美元；十年之後，它已經漲到超過一百美元一桶。需求量不斷上升，所以價格也會持續上升，直到某種龐大的新能源上市取代石油，或是有什麼事故發生使需求大幅減少。

不要期望報紙的報導是正確的

要小心的解讀報紙和電視所傳布的資訊，新聞報導時不時的就會誤導民眾。一個最好的例子就是伊拉克擁有大量毀滅性武器的報導，我們都知道後來的結果如何。年輕時，我常覺得受到報紙的誤導，但是現在我已經學會怎麼解讀報紙，我已經知道如何找出新聞背後的真相。要做到這一步，你必須先養成習慣，盡可能的蒐集資訊，習慣運用你的心智去思考真相可能隱藏在哪裡。學習解讀每個媒體都存在的偏見，小心政府或特殊利益團體所設的置入性行銷陷阱。

許多人會盲目的相信別人告訴他的話。假如你真的想成功，千萬千萬不能隨意聽信別人的話。親自檢視每一件事，用你的眼睛驗證每一件事。

當我在哥倫比亞大學（Columbia University）講學時，學生們常常對我知道這麼多的細節大感驚訝。我會就我能力所及盡可能的蒐集所有證據，假如我對在電視上看到或在報紙上讀到的東西有疑問，我會去到那個地方親自調查，不論它在世界的哪個角落。找出對同一件事情的不同看法，往往能幫助你釐清事實的真相。

二十一世紀資訊爆炸，當訊息如潮水般湧進我們的生活時，我很驚訝會費心確認手頭上那些訊息的真偽的人，竟然這麼少。那些在投資上失敗的人，正是那些連財務報告都沒讀完的人，因為他們沒有看到投資成功和充分資訊之間的相關性。假如你想擁有成功的人生，多麼無關緊要的工作也絕對不要忽略。

法國大思想家伏爾泰（Voltaire）在他的《哲學辭典》（*Dictionnaire Philosophique*）中寫道：「普通常識並不是那麼普通。」二次世界大戰美國名將巴頓將軍（General George Patton）加以詮釋：「當每個人的想法一致時，就表示根本沒有人在用大腦。」這就是最好的提醒。

任何「必看」「必試」「必讀」的東西能免則免，尤其是流行的東西。記住，根據定義，有一半的人口智商在中位數以下。

4

將世界納入你的眼界

我鼓勵你離開你的國家幾年，
回來之後你會有不同的理解。
當你探索過這個世界之後，
那些知識和經驗可以各種不同的方式幫助你成功。
要成為世界公民，第一步是敞開你的心胸，
永遠不要拒絕第一眼看上去和你不一樣的人。

Arai
AROUND THE WORLD

盡信書不如無書，走出去看看這世界

盡可能的旅行並觀看這個世界，會讓你的視野擴大好幾倍。假如你真想認識你自己和你的國家，出去看看這個世界。藉由與別的國家和住在那裡的人做比較，你將會學到如何從完全不同的角度看待你的國家和你自己。

你的父親可以很有信心的說這句話，因為我已經環遊世界兩次。從一九九〇年起，我花了二十二個月，騎摩托車遊歷六大洲。第二次環遊世界是在一九九九年，我與你們的母親花了三年時間共同駕駛一輛特別訂製的賓士車，行遍一百一十六個不同的國家，總共走了二十四萬五千公里路。

我們親眼見到這些國家的不同人文景觀，在旅程中，我們敞開胸襟，嘗試所有新奇的東西。我們第一次吃活生生的蛇做的晚餐，廚師在我們的面前宰殺、烹飪，我愛極了。我們開車穿越戰區，總是去城市中「最可怕的」地區看它是不是真的那麼可怕。我們發現全世界的人本質上都一樣，不論膚色、種族、語言、宗教、飲食和衣著，我們發現完全沒有任何理由懼怕外國人或「跟自己不一樣的人」。

看過廣闊的世界後，你對自己及你的國家理解會更深入。接觸到不同的人、體驗過不同的世界後，你對自己會有更多的認識。你會發現你從來不曾注意的興趣，從而知道你的長處和短處；你也會發現你過去認為很重要的事，其實並沒有那麼了不起。不要只是做個觀光客——你要去到不同的人居住的環境，親眼見識他們怎麼生活，跟他們一樣的過日子。

從地平線開始，往上看這個世界。當你觀察到一般老百姓的生活，而不只是裝飾得很漂亮的景點時，你會不期然的發現使你心中浮現重要的問題的一些經驗。

英國詩人吉卜齡（Rudyard Kipling）在他的詩〈英國國旗〉（The English Flag）中寫道：「只有英國人才知道英國。」我鼓勵你離開你的國家幾年，你隨時要回來都可以，但回來之後你會有不同的理解。當你探索過這個世界之後，那些知識和經驗可以各種不同的方式幫助你成功。這個無價的洞見會使你成為更好的人、工作者，甚至母親。我們是美國人，住在美國很久，但是我們現在搬到亞洲來，為的是讓你盡可能的看到所有能看到的世界。

了解金磚四國的重要性

我曾經提過，當我還是牛津大學（Oxford University）的學生時，我有效管理運用我的獎學金，直到必須繳學費的最後一天才去

＊ **金磚四國：**高盛證券經濟研究團隊預言，2050 年世界新六大經濟體將為中國、美國、日本、印度、巴西、俄羅斯；當今六大工業國（G6）中的英、德、法、義將遭淘汰，金磚四國（集巴、俄、印、中英文字首即成 BRIC，磚頭之意）成為新經濟強權。此報告一出，舉世震撼。

＊ **多頭市場：**又稱「牛市」，指股價不斷上升的情況。若只是股價短期大幅上揚、隨即跌落，稱做「短多」；若長期上揚，則稱「長多」。

＊ **空頭市場：**又稱為「熊市」，指市場持續下跌的現象。

繳。在當時，我就已經發展出一套基本的投資方式了：其中一個就是有世界觀。在我就讀於牛津的日子裡，我避免投資英鎊，因為我認為它會貶值，而且週末口袋裡也只有留下極少的英鎊花用。（順便一提，英鎊果然貶值了，不過卻是到我畢業離開牛津以後才發生的事。在投資上，時間的掌控是非常重要的，直到今天，你的父親還是一直犯著進場過早的錯誤。）

「**金磚四國**」（巴西、俄羅斯、印度和中國，簡稱為 BRIC）現在是投資領域一個很流行的名詞。它指出巴西、俄羅斯、印度和中國這四個國家的經濟成長充滿投資的機會。周遊列國的經驗，使我看好巴西和中國，覺得它們是**多頭市場**（bullish），看壞俄羅斯覺得它是**空頭市場**（bearish），對印度則抱持懷疑的態度。但是決定性的關鍵要看全球投資機會的大前提。

巴西在往後的十五年會大幅進步，因為它生產糖和鐵礦之類的

【羅傑斯的巴西觀點】

基本信念：對巴西市場保持觀望態度。

投資風向：巴西政府腐敗，政治危機不斷。原為副總統的米歇爾·泰梅爾（Michel Temer），在 2017 年遞補因貪污入獄的前總統剛滿一年之際，便青出於藍，在短短 3 個月內兩度遭刑事起訴，導致股匯市雙殺。

堅守態度：巴西政治不改善，經濟不開放，便不考慮重回市場。

投資軌跡：羅傑斯與共創量子基金的合夥人索羅斯（George Soros）分道揚鑣後，在 1989 年展開第一次環球旅行，當時他對新興國家的布局中，除有西德、新加坡、奧地利等國外，巴西也名列投資清單之中。

看好產業：原物料的糖和鐵礦。

最新操作：停止投資巴西。2015 年羅傑斯在他的部落格上寫道：因為巴西政府持續外匯管制、限制經濟發展，所以決定目前不再投資巴西。

原物料。而糖是乙醇（ethanol）的原料，乙醇又被視為現在價格像火箭升空一樣直線上漲的原油的**替代能源**來源。我覺得這些原物料是多頭市場，但是對巴西的股票市場及它的貨幣里耳（real）持中立態度。事實上，我還沒有買進任何巴西里耳（但其實我應該把握時機在過去的幾年內買進）。

我對俄羅斯抱持著高度懷疑，事實上，俄羅斯的情形是我為什麼認為**原物料**是多頭的原因之一。雖然俄羅斯自然資源豐富，但是基礎設施（基本的經濟條件）並不足。俄羅斯有資本主義，卻是非法的資本主義。假如有人掌握內幕消息，他可能會賺到大錢，卻也可能破產或被暗殺。

蘇聯現在已分裂成十五個國家了，但是還在繼續分裂，說不定有一天會到五十個或一百個。蘇聯境內有一百二十四種民族，說著一百二十四種語言，有著不同的宗教信仰，很少人喜歡留在獨裁的

【羅傑斯的俄羅斯觀點】

基本信念：「危機入市」，這樣也才符合「買低賣高」的股市鐵律；俄羅斯市場對外資的吸引力將會愈來愈大。

投資風向：羅傑斯認為，美俄關係會隨著川普外交政策逐步修好，而帶來商機。此外他也想要，從受惠於中國「一帶一路」大藍圖的企業中，尋找新的投資標的。

堅守態度：近期已經買進一些政府債券和股票，未來希望繼續加碼俄羅斯。

投資軌跡：羅傑斯最早是在 1966 年首次訪問俄羅斯，此後，他對這個國家抱持了近五十年的悲觀看法。直到近期，才改變對這個國家的態度。

看好產業：2017 年，《富比世》（*Forbes*）並專文報導，羅傑斯在投資俄羅斯的機會選項中，特別看好農業與旅遊業兩個領域，尤其相信亞洲旅遊這塊市場將可能迅速起飛。

最新操作：近期內至少買進三大股份：俄羅斯國際航空公司（Aeroflot）、上市的莫斯科交易所（Moscow Stock Exchange）股票，以及該國最大的農業化學生產商 PhosAgro，並於 2014 年 9 月加入該公司的董事會。

舊蘇聯底下而不想獨立。

事實上，俄羅斯仍然是個低度開發國家。我們在旅途中聽過炸彈爆炸聲，其實還有很多爆炸和暗殺行動是西方媒體沒報導的。俄羅斯持續不斷的災難現在已經竄升到可能發生大難（catastrophe）的程度了，我們不可能期待從俄羅斯出口的原物料會增加。

中國遠遠凌駕俄羅斯，是因為資本主義的觀念在中國已經深植人心。中國能充分運用它的資金，但俄羅斯不能。由於俄羅斯仍然使用共產黨時代的基礎建設及工廠設備，並沒有升級或改進，所以他們的生產力很低。中國人會到海外留學，將資本及知識技術（know-how）帶回中國；相反的，俄羅斯人一旦出國後，很少回鄉為國家的重建出力。

那印度怎樣？根據我第一手的觀察，官僚腐敗到處可見，而且與中國比起來，它的基礎設施是一團糟。在國家級高速公路上我甚

總結：

十年前還認為俄羅斯是個「空頭市場」的羅傑斯，如今觀念大反轉，他認為隨著美國總統川普上任，美俄之間的關係勢必會獲得改善，買進俄羅斯正是時候； 再加上，美國股市指數已實現了歷史新高，投資人更應該把眼光轉向世界各地被低估的市場。

羅傑斯認為，俄羅斯這個世界最大產油國，儘管因為石油價格崩潰和國際制裁而暫時陷入經濟衰退，但俄國並不是一個重要的債務國家，並且擁有世界第 12 大的經濟體、價值 1.3 萬億美元，仍然有很大的經濟成長潛力，各類投資機會會在不久的將來一一浮現。

羅傑斯按照自己的投資經驗，就是要在大家都不看好的時機進場，跟隨市場一窩蜂搶安全牌，是賺不了大錢的。

至不能以正常速度行駛，因為路況太差而且坑坑洞洞。在印度旅行與其他國家不同：我必須買好多支手機備用，因為每一支手機只能適用於某個地區。在一九九九到二〇〇一年間，印度唯一私有化的商業活動是烘焙業。我對購買印度的股票沒有任何動機。印度政府現在說的關於對世界開放都很好很對，有些東西如電話也有些許改善，但這些話我已經不知道聽過多少年了。假如我是錯的，印度政府真的改變了，那麼對世界以及對印度都是個絕佳的機會。

廣泛來說，我覺得中國是多頭市場。中國經濟的崛起使得原物料市場的需求大幅上升，在過去的三十年裡中國有戲劇性的發展，看到穿著摩登的女郎騎摩托車、講手機，你會以為你身在巴黎或米蘭。對我來說這是再清楚不過的，中國已經不再是你所知道的中國了，上海在二十一世紀會變成一個了不起的城市。

【羅傑斯的印度觀點】

基本信念：把印度市場列入觀察名單，但看法偏空。

投資風向：印度的外國直接投資（FDI）在 2016 年觸及八年來最高的 464 億美元；
但另一方面，國際資本卻也從未停止做空印度的攻擊準備。

堅守態度：如果政府能讓貨幣兌換自由化，並且開放市場，印度是有機會成為值得關注的市場。

投資軌跡：2014 年總理納倫德拉．莫迪（Narendra Modi）上任後，羅傑斯開始投資印度；隔年，又因失望而火速清倉離場。

看好產業：曾一度看好印度旅遊業。

最新操作：印度市場已經來到歷史新高，目前他「不想跳上一列移動的火車」，以免受傷。

永遠不要做一個孤立主義者

我經常指出**鎖國主義**和保護主義會引起很多麻煩，而且不可能持久。日本的投資者常問我，日本是否還是有排斥其他國家的傾向，我的答案是「是的」。我常常說他們長期的成功就要結束了，除非他們願意接納外來的創見、人才、資金和方法。只有日本能決定它將來要怎麼和其他國家互動，沒有人能替它做決定。但是從歷史的角度看來，凡是抱著排外政策的國家都苦嘗國力顯著下降的後果，無一例外。歷史中的明例包括衣索比亞、緬甸、迦納、阿爾巴尼亞和北韓。

美國到現在為止還沒有太排外，但假如它這麼做了，結果也會一樣。一九三〇年代的**經濟大恐慌**，有一部分就是導因於它採取的保護政策及鎖國政策——提高關稅對其他國家貨物出口造成嚴重打

總結：
隨著印度市場持續創紀錄的漲勢，羅傑斯一度承認，自己可能退出得太過倉促，錯過了印度的成長巴士。特別是在 2017 年 7 月實施商品服務新稅制（GST）之後，使得印度成為一個統一的市場，這項政策令他對印度開始觀望，並對外表示，目前雖然還不到投資印度的好時機，但「印度目前正在我的名單上」。

（以上金磚四國補充資料，由陳翠蘭文字整理。）

擊，這些國家的蕭條最後造成美國經濟的蕭條。

如果你想使你自己和你的國家變得更好，偏見、歧視及不能接納他人是一點好處也沒有。

我看到美國有一些令人不安的排外趨勢，拒絕外來的創見、外國產品和外國人民。許多人用「美國一直都是如此」為這種行為辯解。這個世界在一九四五年第二次世界大戰結束，大家發誓不再像一九三〇年代那樣排斥外人後，有過非常繁榮的光景。很不幸的是，當時發誓的人都死了，現今世人很少了解歷史的教訓。假如我們重複一九三〇年代的行為，結果會像當年一樣悲慘。

保持開放的心，做個世界公民！

你屬於政治民調專家約翰・佐格比（John Zogby）所謂的「**第**

＊ **鎖國主義：** 包括兩大部分，一是不參與國際事務的軍事政策，另一是經濟國家主義，即保護主義：為保護本國製造業免受國外競爭壓力而對進口產品設定極高關稅、限定進口配額或其他減少進口額的經濟政策。

＊ **經濟大恐慌：** 指 1929-1939 年間全球性的經濟大衰退，遠甚史上任何一次。這次是以農產品價格下跌為起點；據估計，期間全球錢財損失高達 2500 億美元。

一**代世界公民**」，你的同儕心胸較寬大，比過去任何一個世代都更能接受不同的觀點和事情。你認為自己是「世界公民」而不只是某一個國家的公民。這真是太棒了，它會大大的增加你個人和專業的快樂程度。

要成為世界公民，第一步是敞開你的心胸，永遠不要拒絕第一眼看上去和你不一樣的人。我們常用第一次看到某個人時的印象去判斷他，這很自然，也往往是很有用的方式；但是，知道某一類型的人（如某個美國小鎮重生的基督徒，或是某個大城市的投資銀行家）和知道某一個人是很不相同的。而真正知道某一個人，使我們在他們不同於我們對這類人的認知時依然能接受他們，也讓我們更了解其實很少人是與我們第一次看到他時所以為的那種刻板印象相同的。

第二步是探索這個世界，其實這與發現和打開胸襟是同一回

＊ **第一代世界公民：** 意指 21 世紀世界變得越來越緊密，國與國之間的疆界幾消弭於無形。

事。你要自己去觀看、嗅聞、觸摸、聆聽和品嘗你能接觸到的所有東西。親自去環遊世界，和不同的人交流，你會了解我們和所有人是多麼的相似，我們對諸多生活的要求都一樣。請記住一點：假如世界上每個人都是這樣的感覺，這個世界會是個更和平、更美好的所在——個每個人都會經驗到他心中所謂的成功的地方。

你母親與我不斷的接觸到那些原本懼怕與他們不同膚色、不同宗教、不同種族或不同語言的人，直到他們有機會互動，一起歡笑、一起開車、彼此交換故事時，這種偏見才會消失。戰爭的爆發，從來不是因為兩群相互認識的人突然決定要消滅對方。只要你給他們機會，絕大多數二十歲的年輕人都寧願玩樂、跳舞、吃飯、喝酒、鬥嘴，或從事任何可以與其他人一起做的事。歷史上這種事一再的發生，自私的政客總是讓孩子失望，引誘出他們最壞的本能，使他們做出完全不必要的自相殘殺。

當你長大一點而且多讀過一些歷史之後，就會知道戰爭從來不曾為任何國家帶來任何好處，即使是所謂「勝利」的一方。

假如你去到一個即將開戰的國家，我建議你趕快離開，等戰爭結束再回來。真相總是戰事開打時的第一個受害者，所以你需要保持距離。你的父親和所有美國的先祖幾百年來都服過兵役、打過仗，但你不必。打破這個鏈環，遠離戰爭。一位著名的詩人用下面的墓誌銘悼念他在第一次世界大戰犧牲的兒子：

假如有人問為什麼我們死了
告訴他們，因為我們的父親欺騙了我們

做為你的父親，我希望你下定決心成為一個世界公民。有一天，我希望能看到你踏出勇敢的第一步。

在我這一生中，你們，我的女兒，是我最美好的、最無與倫比的探險。你們帶我進入一個新世界。假如做為父親會豐富一個人的旅程，我確信旅程也會豐富一個父親。我想到自己在旅途中學到的所有東西，現在可以全數傳授給你們，我幾乎等不及要教你們如何開車、如何看地圖—所有那些我父親教我的東西。在學會英文以後，你們想學什麼語言？從你們一出生，我們就請了中國的家庭教師教你們華語和唐詩，並教你們認字。我希望會很快再加上西班牙文。

我想到那些我還沒有去過的地方：巴西內陸、印度南部、厄立特里亞（Eritrea，在非洲東北部，第二次世界大戰前為義大利屬地，現與阿比西尼亞聯合成立一個聯邦）、伊朗、以色列。下次環遊世界時，我會帶你們去看這些地方。你們的母親和我有打算要搬到上海或西班牙西南部住，或去旁塔厄則提（Punta del Este，烏拉圭東南的海濱城市）或科洽班巴（Cochabamba，玻利維亞中部城市）。因為我對亞洲的經濟發展非常樂觀，我們現在選擇定居新加坡。我希望你們會在這裡長大，但是誰知道呢？或許你們會在其他的地方長大。或許我會做一把搖椅，坐在上面唱著〈河流老人〉（Old Man River），在我父親養大他孩子的美國南方鄉下養大我的孩子。我覺得我父親會喜歡這個主意——而且依他的聰明睿智，可能一直都是這麼希望。

直到你至少年滿二十八歲，對自己和世界有更多認識之前不要結婚。

5

研讀哲學，學會思考

「每個人都必須獨立思考，不可依賴別人。」
這是我從自己的經驗中學得的教訓。
雖然我是你的父親，
但是我不能替你思考或替你做決定。
你需要設定自己的目標，想像自己的未來，
找到自己要走的路。

哲學會教你如何為自己思考

你們是在二〇〇三年五月和二〇〇八年三月出生的，也許現在對你們講這些好像太早了，但是，有一天我要你們去研讀哲學。假如你想瞭解自己以及什麼對你是重要的，你就必須學習如何好好的思考；在你能夠成就任何事之前，也必須更了解自己。研讀哲學就幫助我做到了這件事。

我指的並不是那個令很多人害怕的、邏輯複雜的哲學特性，我指的是「為你自己思考」這個簡單的藝術。現在很多人都是人云亦云，他們的智識進程受限於國家文化或宗教。要跳脫這些框架來思考，要獨立檢驗事情的真偽，這才是真正的哲學。研讀哲學會訓練你去檢驗每一種概念、每一個「事實」。

當我在牛津念哲學時，我學得並不好，因為他們老是問我問題，一些非常簡單的問題，如太陽從東方升起或是在沒人的森林一棵樹倒下時是否會發出聲音。當時我看不出這些問題的意義，但是後來我發現有必要檢視每一個命題，不論它已被多少人接受或證明過。這個尋找其他可能的解釋、思考得更深遠的能力，將來會對你很有用。

目前的哲學文章有助於我們學習思考嗎？

做哲學性思考與讀哲學書是不一樣的。沒錯，閱讀可以幫助思考能力的發展，但是假如你真的想加強這種能力，你還要更努力。

反思傳統智慧和習俗，你會發現這些看似絕對正確的東西很多時候卻是錯的。你要花時間找出究竟發生了什麼事，而如果當時有人反對主流的思想，探究他們反對的理由。這種練習會帶給你知識和自信，下一次當同樣的事情發生時，你就能夠提出建設性的批評，挑戰大多數人所相信的假設是否正確。

當很多人看法一致時，就該檢視一下事實，確認真相是什麼。在**網路泡沫化**（dot.com bubble）時，每個人都認為股票價格已經穩住不會再往下跌了。我要你想想後來怎麼了，為什麼只有少數人獲利，我要你從這件事中習取教訓。

思考有兩種方法

一般而言，有兩種方法可以檢視一件事：一種方法是從觀察中得到結論，另一種方法是從邏輯中找出真相。

從觀察中得出結論是非常簡單的方式，我們可以看看歷史上的例子。當你檢視過去，會發現股票和原物料市場多頭交替出現的情

＊ **網路泡沫化：**1997-2001 年間，歐美及亞洲多國股市在投資者的投機活動及風險基金的支持下，科技及新興網路相關企業之股價飆漲；大量網路公司誕生，隨後如泡沫倒閉，造成 2000 年代初期多國的經濟衰退。

況，歷史資料顯示這個循環大約有十五到二十三年的時間。原物料市場自一九九九年開始一片多頭，如今，九年之後，我預期這個趨勢還會繼續下去。依歷史先例看來，原物料市場的多頭可以看好到二〇一四和二〇二二年之間。

我再給你一個如何從邏輯中得出結論的例子。我雖然無法證明，但有我自己的理論來說明股票和原物料如何輪替，各領風騷五百年。就以家樂氏（Kellogg's）這家全世界最大的穀類早餐公司為例。穀類早餐的材料組合包括米、麥、玉米和糖等原物料，當原物料市場低迷時，這些米、麥的原料成本跟著低迷，供應量維持穩定，公司的淨利自然上升，進而反映到這家公司上揚的股票價格上。然而，一旦原物料價格上揚，公司的成本就跟著上升，家樂氏公司不可能立即把增加的成本反映到售價上，這就會影響公司的淨利，結果股票價格也連帶受到拖累。當原物料價格低迷時，公司因低成本而獲益；當原物料價格上揚時，淨利受到影響，結果就是公司股票下跌。正如你所見，找出原物料和股票為什麼是負相關，這是一個很好的心智練習。

思考有兩種方法：前面的例子叫做歸納法（induction，從某個特定結論開始導出比較一般性的看法），後面的例子則是演繹法（deduction，從一般的證據開始導出某個特定真相）。這兩個方法並沒有哪種比較好，重點在於訓練自己可以應用這兩種邏輯方法，使你能有一個平衡的思考方式並見微知著。

不要忽視空頭

什麼是大部分投資者沒有考慮到的？大部分的投資者都在尋找多頭而忽略了空頭。做為一個投資家，我永遠在尋找「什麼是空頭」。當人們為一個過熱的市場瘋狂時，他們常常看不見其他投資的可能性——這就是我發現好投資標的的時候。

一九九八年股市泡沫化期間，在大部分的人忽略原物料時，我開始投資在**原物料指數**（commodity index）上。原物料有好多年都表現得不好，沒有人在這上頭賺到錢，因此大部分人離開了它；也很少有學生在研究自然資源，大家一窩蜂去念商業企管碩士，沒人理睬農場和礦業。這表示當需求已經往上爬了，有好幾年產能卻在下降。現在投資的回收讓你看到，原物料的表現是多麼好，每個人都知道股票市場發生了什麼事。

我的經驗是我給你的禮物

我希望與你分享的訊息是：「每個人都必須獨立思考，不可依

＊ **原物料指數（又稱商品指數）：**以長期投資者投資商品市場運用最多的高盛商品指數（GSCI）為例，是按全球原物料產量賦予各指數成分每年不同權重；每種原物料的分量則是由最近五年該原物料產量的平均價值所決定。此外，高盛商品指數對構成指數的原物料，依流通性予以調整。

賴別人。」這不是某位著名哲學家所講的話，它是我從自己的經驗中學得的教訓。雖然我是你的父親，但是我不能替你思考或替你做決定。你需要設定自己的目標，想像自己的未來，找到自己要走的路。我會盡我所能幫助你，和你分享我的經驗，但終究，你的成功與否全靠你自己。

＊ **羅傑斯原物料指數（Rogers International Commodity Index, RICI）**：由羅傑斯於 1998 年創立。此指數涵蓋 35 種大宗物資，以穀物（佔 35%）、能源（佔 44%）和金屬（佔 21%）三大類為主；物資名單由委員會審核，基本上須在全球消費佔有重要地位，消費則可藉追蹤國際進出口得知。

6 學習歷史

想像我們的心智中有一個四度空間的立體世界圖像，
這些不同視角的歷史就是一片片的拼圖。
在你能把所有的拼圖擺放到對的地方之前，
你必須先蒐羅這些拼圖，一一研讀過它們。
這正為什麼我鼓勵你先讀歷史，再去看世界。

你需要宏觀的世界觀

我要你研讀歷史，從宏觀的角度觀看世界發生了什麼事。你會發現今日為真的事，十年、二十年以後並非如此。在一九一〇年，英國和德國的皇室是最親密的朋友和盟邦；四年以後，兩國交戰，前所未有的激烈。無論從任何角度檢視世界，你會發現十年、二十年以後，每一件事都改變了。

對歷史、政治和經濟的興趣，將幫助你觀察到發生在一個國家的重大事件如何影響到其他國家。一個國家所發生的大事不只影響到華爾街，也會對全球原物料和股票價格、甚至整個世界造成影響。歷史一再告訴我們，戰爭和政治的不穩定可以使原物料的價格上揚，金價也絕對會隨之上升。一場大規模的戰爭不但會驅使金價上揚，幾乎所有的原物料也會跟著騰貴。

哪本歷史書會告訴我們真相？

歷史是多面相的，有研究經濟和政治領域的歷史，也有從美國觀點、歐洲視野、各種亞洲、非洲和南美洲的角度檢視與了解的歷史。只要歷史學家夠嚴謹，每一種看法都可以填補一塊歷史的拼圖使它更完整，你實在很難說哪一種歷史比較重要。

想像我們的心智中有一個四度空間的立體世界圖像，那麼這些不同視角的歷史就是一片片的拼圖。在你能把所有的拼圖擺放到對的地方之前，你必須先蒐羅這些拼圖，一一研讀。

連結你的歷史知識與遊歷

在你到海外旅行之前，我要你研讀目的地國家的歷史。沒有歷

小心所有的政客。在學生時代，他最出眾的是下課休息時間；從學校畢業以後，很少有卓越的事。

史的背景知識，你不可能對觀察到的事物有太多了解。你當然可以做個觀光客，欣賞不同的景點，但是幾個月以後，這樣的你是不會記得去過哪個地方又看到些什麼的。那有多可惜啊！

這正是為什麼我鼓勵你先讀歷史，再去看世界。從哪裡開始其實都沒有關係，隨意選擇一個國家，去到那裡用你自己的眼睛觀察真實的世界。

歷史會讓你知道什麼是驅動市場的力量

藉由交叉參照市場的長期歷史圖表與歷史事件，你就能辨認出哪些發展會影響到原物料和股票的價格。我在哥倫比亞大學講授「多頭與空頭」課程時，要求學生研究股票市場曾經出現過重大的多頭和空頭市場，找出是什麼樣的歷史事件促成了特定市場起落的現象。當股價狂升或暴跌時，世界上發生了什麼事？為什麼這些事件是催化劑？

要找出是什麼驅動市場，要學習如何分析趨勢，回顧歷史正是一個好方法。更棒的是，它還教你如何預測未來的變化。

太陽底下沒新鮮事

我特別希望你記住：歷史通常會自我重複——至少馬克・吐溫（Mark Twain）是這麼說的。人性不會改變。我們在雜誌或報紙頭版上不時看到某些偶發事件或主題，被形容為創新的、突破的或空前的，看起來好像是有些新奇或不一樣的事情發生了。此時你要回頭看看歷史事例，你一定會找到前例，但是要記住歷史脈絡各有不同，不要期待事情會完全相同。

千萬謹慎：要知道那些看起來可以做你父親或祖父的男人，並不會把你當做他的孫女。

通則是：以前發生過的事，以後也還會再發生。

可以舉「網際網路革命」的例子來說。許多人的反應是好像某件全新的事情發生了，但它其實只是在歷史上一再重複出現的許多科技革新中的一個。這是一九九〇年代的一種「新經濟」？那些有歷史觀的人可以指出許多這類的「革命」：包括鐵路、高速帆船、飛機、電力、收音機、電話、電視和電腦。投資在任何這些「新世紀」的東西上，有時候會讓你虧得很慘。

每當某人宣稱某樣東西是「前所未有的創新」時，我會留意市場是否過熱了，然後通常就當機立斷抽出我的資金。當你聽到人們宣稱「這次不一樣」時，要深表懷疑。歷史上，從來沒有哪件事是與別的事完全不同的，這種斷言指出一種群眾歇斯底里的情況，也正是為什麼我會在一九九九到二〇〇〇年間**賣空**（sell short）手上高科技類的股票。就在這個時候，我在一九九八年所創的原物料指數開始上漲。

我要再一次叮嚀，好好的研究歷史，學習世界歷史上什麼事真的發生了，什麼沒發生，這會幫助你了解在世界的各個角落什麼事將要發生。

＊ **賣空（又稱放空）：** 指投資人在手中未持有證券的情況下，向券商借入證券以賣出；放空部位需於一定時間內回補，否則構成違約交割。通常是預測市場行情將下跌的操作手法；但若行情不跌反升，回補時將損失慘重，故風險大，投機性高。

7

這是中國的世紀，去學中文！

無論住在世界上任何地方的任何人，
我所能給予他們的最佳忠告可能是：
讓你的孩子和孫子學中文。
在他們的世代，中文和英文會是全世界最重要的兩種語言。
二十一世紀是屬於中國的，
這個發展此時此刻正在發生，就在你的眼前。

中文會是下一種世界語言

為了幫助你在生活上和投資上成功，我們讓你比別人更早起步。你的家庭教師是中國人，她會用中國的官方語言（普通話）和你溝通，你學習使用中文就像你學英文一樣（但為了你父親，你一定要把英文學好，因為我唯一會講的中國話是「冰啤酒」）。我們搬到亞洲也是為了讓你們倆上中文學校，而且在日常生活中說中文。

無論住在世界上任何地方的任何人，我所能給予他們的最佳忠告可能是：讓你的孩子和孫子學中文。在他們的世代，中文和英文會是全世界最重要的兩種語言。

之所以要學中文，是因為中國經濟正在起飛，未來它會變成一個遠比現在重要的世界級選手。這不僅是對投資家而言，做為一個世界公民，你也需要知道世界上這樣的發展趨勢。

注意世界正在發生的重大改變

當我們回顧歷史時，會發現西班牙主宰著十六世紀，之後兩百年法國是最繁榮的國家，英國在十九世紀大放光彩，而二十世紀是美國的世紀。現在二十一世紀是屬於中國的了，這個發展此時此刻正在發生，就在你的眼前。中國是一個偉大國家的再現。埃及曾經偉大過，羅馬曾經偉大過，大不列顛曾經偉大過，中國則是在三百年的衰落之後如今再度興盛。

中國人一般被認為是共產主義者，不是資本主義者，但是這有多真實？歷史告訴我們，中國人民一向是世界上最好的資本主義者。許多人還記得，在毛澤東發動共產革命之前，中國資本主義的盛況（相反的，俄國人就沒有這麼幸運）。那些不願放棄資本主義的人逃到香港、台灣、美國和其他地方，找到他們自己的經濟繁榮之道。這些海外的優秀中國人一直是中國最寶貴的資產。

我頭四次所見的中國，與我後來看到的有天壤之別。當我於一九九九年再到中國時，我對自己看到的重大改變深感震驚。中國為了提升生產力所做的努力如今已開花結果，它在家電、手機和摩托車等製品的生產力現在已經超越美國。事實上，中國已經是手機的世界第一大製造國。這些發展是投資者所不能忽略的。

買中國股票！購買這個國家的未來！

我第一次去中國是在一九八四年，自此以後，我前前後後又去了很多次，甚至花好幾個月的時間住在那裡。我現在有二十幾種中國股票，但是直到一九八八年我才買了第一張，這是在上海證券交易所的發源地，一幢破舊的建築物裡進行的交易。現在，這張最初

＊ **國內生產毛額：** 所有在一個國家地區內、一段特定時間（一般為一年）裡所生產的商品和服務的總值。

＊ **正常回檔：**股價無法永遠上漲，漲多必然回跌，謂之。

＊ **國內生產毛額 VS. 國民生產毛額（GNP）：** 國內生產毛額計算的是一個地區內生產的產品價值，而國民生產毛額則計算一個地區實際獲得的生產性收入。

購買的銀行股票裱框好掛在我們家的牆上，我不知道這張股票增值了多少，反正我也沒打算要賣掉它。

當我在一九九九年再訪上海時，上海證券交易所的老舊建築不見了，取而代之的是一棟全新的摩登大樓。我在那兒開了個戶頭，繼續在中國做更多的投資。

目前，中國的**國內生產毛額**（GDP）成長超越百分之九，和世界其他國家比起來，它還有很大的成長空間。

過去很多有名的美國投資家幾乎不曾投資在中國，近十年來可大不相同了，因為中國經濟成長得很快。但假如你要買中國的股票，應該等到中國經濟**正常的回檔**（normal setbacks）後再下手。當美國崛起成為強權時，它做了許多整合，中國也會如此。什麼時候是賣股票最好的時機？中國的經濟還會再成長，我想在我有生之年它都會一直成長，所以我的中國股票將會是我留給你的禮物。

【羅傑斯的中國觀點】

基本信念：21 世紀是中國的世紀。

投資風向：緊緊跟隨政府決策所關注的重要議題。

堅守態度：對中國股票至今仍抱持「只買不賣」的原則，並打算把這些股票留給兩個女兒。

投資軌跡：在 1999 年、2005 年、2008 年和 2013 年，中國股市最低迷的幾個時期，發動了四次大規模投資中國股市的攻勢。

看好產業：對農業、旅遊和醫療、教育以及環保等產業特別樂觀。

最新操作：「中共十九大」之後，便買入了與環境污染治理相關產業的股票。

硬著陸無可避免嗎?!

中國現在的經濟和房地產已經過熱了，根據各家獨立銀行的評估，它無所不在的通貨膨脹已到百分之七至八。或許中國的銀行已經放款過多，過熱的投資已經造成在這種期間很常見的過高的**違約率**。我想某些市場如房地產的**硬著陸**（hard landing）是不可避免的事。

中國政府和**國際貨幣基金**（International Monetary Fund, IMF）堅稱**軟著陸**（soft landing）是有可能的，而中國政府正在想辦法控制貨幣供給與銀行貸款，但是我看不出這樣做有什麼用。過去因為利率低，中國在房地產和一些製造產業方面已經投資過度，這些領域在未來可能會暴跌，不過其他的領域可能不會受到波及。

曾經有個日本投資者問我，中國什麼時候會硬著陸。我不是一

總結：

整體來說，羅傑斯對於投資中國的信念仍從未出現鬆動。雖然他在 2006 年曾提出「中國必將歷經一次嚴重經濟蕭條」的驚人預言，因為他認為，這是偉大經濟體必經的試煉。目前，對中國唯一有些疑慮的是，逐步墊高的負債比率（特別是內債），對此他始終保持觀察； 不過相對「大債國」美國和日本來說，中國的負債率已經相對安全許多。

時至今日，他仍沒有賣出任何一支中國股票，甚至決定將這些股票傳給自己最心愛的兩個寶貝女兒。

個對時機超敏感的投資者，我沒辦法告訴你它會在什麼時候發生，情況又有多慘重。它可能很快就發生，也可能根本不會發生。它比較可能發生在某一區塊，如不動產，而不影響其他區塊。誰知道？不過當你聽到與一九八九年和一九九四年一樣的硬著陸新聞時，這可是購買中國的股票或原物料的最佳良機。自從一九九九年第一次購買以來，我在二〇〇五年冬和二〇〇六年初開始再度購入中國股票。

中國等於原物料

中國的崛起帶動原物料的需求量增加，因為中國有十三億的人口，它需要鋼鐵、生鐵和大豆，它是全世界最大的銅消費國，是能源——包括石油在內——第二大的消費國；況且，它的需求量是每年、

2016 年，羅傑斯拋棄了日圓，現在手邊持有最多的貨幣是美元，第二高則是人民幣。

2017 年 9 月，由《環球時報》社經社部副主任張妮採訪撰寫的《與吉姆．羅傑斯對談七日──如何投資中國》，完整收錄了羅傑斯最新「投資中國的角度」，其中他特別看好中國的旅遊業，認為這會是未來二十年中國最熱的產業。

（以上羅傑斯的中國觀點，由陳翠蘭文字整理。）

甚至每月在增加，達到供需平衡至少要花上十年的時間。

而供需的不平衡，會繼續驅使原物料的價格上揚。

樂樂和碧兒的中文名字

我知道你很喜歡告訴人家你的中文名字是快樂，或是樂樂。你是我所認得的人中最快樂的一個。你在二十一個月大時，給自己取名字「Happy」，我們希望不論將來把你帶到地球的哪一個角落，你都能滿足和成功。你一生中必定會碰到挫折，那時，你只要記得「這一切也會過去的」就好，這是你母親的口頭禪。就好像棒球手必須走出低潮期，你也會正視眼前的困難，走出屬於自己的路來。

我也要告訴你，未來當你真的在生活中很不快樂時，不論是親密關係、工作或任何事，如果用盡全力都無法解決，這時最重要的

＊ **違約率：**本利到期時未能支付，或者未能履行融資文件所述其他約定之比率。

＊ **國際貨幣基金：** 1945 年成立，為世界兩大金融機構之一，職責是監察貨幣匯率和各國貿易情況、提供技術和資金協助，確保全球金融制度運作正常。總部設在華盛頓。

＊ **硬著陸：** 指整體經濟在經過一段強勁擴張後，以較劇烈的方式進行經濟調控。相對於軟著陸，硬著陸較容易達到目的，但風險也大，有時後果難以收拾。

＊ **軟著陸：** 經濟成長速度經過一段時間調整後，平穩地回到適度成長區間，猶如飛機緩慢地降落，用較溫和的手段來達成穩定國內經濟的目的。

就是盡可能快速的改變，重起爐灶。經濟學家告訴我們不要讓**沈沒成本**（sunk cost）影響我們的決定，意思是說不論你已經投資了多少時間、多少金錢、多少精力，假如它真的行不通，就不要再為了回收這些你曾經付出的而繼續試下去。

我們還不知道碧兒的中文名字是什麼，因為她才剛出生不久，還不會說話。一旦你會說話了，我們希望你會像你姐姐一樣，自己告訴我們你的名字是什麼。

做為你們的父親，我從來沒有像迎接你們出生後快樂這麼久過。我在你們短短的生命中，流淚的次數比我之前的歲月加起來還要多，那全是快樂的眼淚，是你們帶給我的快樂眼淚。

＊ **沈沒成本：**與決策無關且在決策前已支出的費用，即稱；換言之，不論決策是否發生，此成本仍需支付。

8

真正認識自己

你當然需要了解周遭的情況、世界和歷史，
但是更重要的，你需要了解做為一個個體，你是誰。
在鏡子裡好好的端詳一下自己，問自己是什麼驅動著你？
了解你的弱點和覺察你的錯誤，在危機到來時就不會滅頂。
做為你的父親，我要你永遠對自己真誠。

我要你知道你是誰

你當然需要了解周遭的情況，具備對世界的認識，知曉歷史，但是更重要的，你需要了解做為一個個體，你是誰。在鏡子裡好好的端詳自己，問自己是什麼驅動著你？假如你能了解它，在危機到來時就不會滅頂。請同時觀察你對錯誤的反應，下次你可以反應得更有建設性一些。

例如，現在我知道自己常常比別人早一步看到事情的發生，所以往往反應得太快、太早了，因此我現在訓練自己要等待。在我年輕時，我差一點破產，因為在股市瘋狂飆漲或人們驚慌拋售時，我都會跟進。現在我學會一旦興起瘋狂想加入人群的念頭時，我會控制住自己，轉身與群眾反向而行。當別人都在賣時，要說「買」的確是很困難的；但是這麼多年下來，我終於對自己的情緒多了解了一點。

無疑的，我們都會犯錯。就犯錯而言，最重要的是能不能認錯。假如你長大之後成為一個不能承認自己錯誤的人——不論是在生活上、投資上，尤其在股票市場上——你將付出慘痛代價才學得會這個教訓。

一個真正夠格的交易者知道自己會犯錯，像我這樣的投資者也一樣。你的父親並不是萬能的，他也做過錯誤的判斷。但是只有在承認自己的錯誤之後，你才可能改正這個錯誤並找到對的路。

人們容易被烏合之眾心理牽著走

即使那些自稱是「專業人士」的人，有時候也會受到烏合之眾心理（mob psychology）的影響。許多的「專家」就在**達康風暴**

＊ **達康風暴：** 2000 年網路熱潮興起，創投業者迫不及待捧著大筆資金至所有可能與網路沾上邊的公司，抱著可能發掘出明日之星的期待，瘋狂投資達康產業，一直到網路泡沫幻滅。

（dot-com debacle）中損失慘重。你可以想像，當你每天打開報紙都看到別人在發財，至少在紙面上他們是賺錢的，而你自己看到這其實是一個泡沫，這處境有多為難嗎？你不免懷疑：或許這真的是一個新紀元，過去的規則可能不適用。結果昔日的規則當然仍適用，許多人因此學到慘痛的教訓。

觀察一下日本，在二〇〇二和二〇〇三年間，大部分的分析師及經濟學家都勸人不要投資在股票上，甚至建議人們盡可能的賣掉他們手上所有的股票，或乾脆離開日本。這完全是一個由烏合之眾心理所衍生的錯誤指導——這道陰影如此根深柢固，甚至連專業人士都沒辦法看到在他們眼前的轉變。當時日本的自殺率創新高，出生率崩盤，青少年渴望的是公務員有保障的工作，而不是想成為搖滾樂明星或職業足球員。意志消沉的氛圍瀰漫著全島。但之後日本恢復得很好，股市已經漲了兩倍。

我要你去檢視事實，客觀的評估真正的情況，而不要被眾人的共同意見所迷惑，讓人牽著走。你需要知道何時把自己與群眾分離，獨立的思考。

不要驚慌，學習心理學

要在投資上成功，除了哲學和歷史，你需要學習心理學。情緒會驅使股票市場走向某一個方向。當大眾對某則新聞過度反應時，他們要不然是高價買入，要不然就是在不對的時機賣空。很多時候，投資者的心理會加速市場的走向。

每個人都會驚慌，我自己也驚慌過好幾次，在股市賠了很多錢。在一九八〇年石油危機之後，我已經做過研究，確信石油供過於求，然而，石油的價格繼續攀高。油價肯定很快會下跌，所以我就賣空。不久之後，兩伊戰爭爆發，由於全世界都在擔心石油短缺，石油的價格開始狂飆。

我必須承認這是個錯誤的判斷。有人安慰我只是運氣不好，但那是不正確的。有些人已經知道戰爭迫在眉睫，龐大的軍事行動已經展開，宣傳機已經啟動，而我卻沒有做好我的功課。就像個剛出道的生手一樣，我急忙買回我賠本賣空的**部位**（position），然後在一個高一點的價格時賣出。雖然石油價格真的像我原先預期的下跌了，卻是在它繼續飆升到高點後才掉下來——那時已經太遲，我早就出清我的部位了。

我知道我不該驚慌的，我應該相信支撐油價的基本盤並不牢靠。我那時還沒能好好掌握烏合之眾心理，結果犯了錯。

如果你在市場驚慌的迷霧中喪失自己的看法，那就等於在市場上失去金錢。

＊ **部位**：持有數量，普遍用於期貨交易，因期貨買賣手中並未真正持有商品；在證券市場上，同樣亦指證券的持有。

歇斯底里時賣出

當你了解心理學後，對自己會有更深的認識。在大部分時候，短期交易的價格是受到人的心理所驅動，而中期和長期的投資，基本因素的影響大過心理因素。

一般來說，我很少用圖表做買賣，但是假如我感覺群眾的歇斯底里症又犯了時，我會用它們來檢證事實。圖表有時會呈現直線上升的情況，顯示股價已經漲到遠遠超越它實際的價值了，這表示人們已經失去判斷力，眾人處在歇斯底里的狀態下。我知道價格最後會回到恰當的程度，所以我就賣空。然而你要小心的地方是，不要只因為價格很高就賣空，除非它已經貴到不可思議，而且你看到負面的改變就要發生了。

要在圖表中看到歇斯底里的證據，還需要找出它的根源，做過更多研究之後我才會賣空。我要你牢記的是，歇斯底里總會掀起泡沫，而狂跌的股價總是導因於驚恐。

做為你的父親，我要你永遠對自己真誠。我在前面說過，我要你品格正直，有獨立思考能力、誠實的承認並改正自己的錯誤。從你出生的那一天開始，我便對自己承諾，我永遠會在背後支持你，在你身旁幫助你，儘管踏出你的步伐吧，我會在你左右。

9

認出改變，擁抱改變

想知道未來可能會發生什麼事，
你必須先了解目前世界上發生的各種改變。
這個世界是變動不居的，
你眼前的功課是找出一個方法處理這些改變。
那些不願承認改變的到來、不肯接受改變的人會被時代淘汰，
而得益的是那些能看出改變、擁抱改變的人。

每一件事都會改變

想知道未來可能會發生什麼事，你必須先了解目前世界上發生的各種改變。

所有的社會環境都會隨著時間而改變，有些人把這種改變看成社會開放的證據，有人則視之為鎖國政策的象徵。不論你的觀點如何，不接受改變就像逆流而游，與這股力量對抗的你，遲早要滅頂的。

沒有人可以違抗供需法則而倖存

一九九一年，全世界目睹了一個巨變：蘇聯的瓦解，一個因為共產主義已經行不通而無力再維持其政治架構的集權政府的瓦解，一種故意對基本經濟原則－任何一本經濟學教科書的第一頁就看得到的兩個詞：供給和需求－裝聾作啞的意識形態的瓦解。

共產主義的失敗其實是很合邏輯的。供給／需求決定所有東西的價格，要長期維持一個扭曲的價格結構是不可能的事，即使在單一國家都不可能，沒有任何政府或帝國可以成功抵擋**供需法則**。當我在一九八〇年代末期，騎摩托車經過蘇聯的幾個城市時，放眼望去盡是愁容，當時我就知道共產主義已經瀕臨崩潰的邊緣，果然兩年以後，蘇聯就瓦解了。

改變可以是催化劑

當我給投資人忠告時，我總是強調要「認出改變」。成功的投資者設法在大多數的狀況下，能夠以低到不可思議的價格購買股票

＊ **供需法則：**當價格越高，消費者買得越少，也就是一物的價格與需求量呈反向變動關係，這是需求法則；價格越高，廠商的供給量會越多，也就是一物的價格與供給量呈同向變動關係，這是供給法則。

和原物料，只用很少的錢冒險。

光是價格便宜不應該是你投資的理由。假如某樣東西一直很便宜，那麼它就沒有被認定的價值，它的股票不過是一張沒有價值的紙。要讓一支很便宜的股票上漲，一定得有「催化劑」，就像化學實驗一樣，必須加入加速反應的物質。從投資的角度來看，「改變」的功能就像催化劑，這種改變不但必須對國家有非常大的衝擊，形式上還需被認定在它發生之後幾年內會引起實質的改變。

日本已經變成一個可以說「不」的國家

日本這個島國在種族上很單純，這個一致性帶來好處，思想方式的統一是它成功的一個重要因素。但是缺點在於這種社會很僵硬，缺少彈性。一九八〇年代時，我認為日本是個一流國家，

無論我要任何種類的服務，不管能不能達到我的要求，他們都很熱切的回答：「是。」即使已經超過營業時間，他們還是熱心的服務我，這正是為什麼我覺得這個國家是第一流的。但日本似乎不再是這樣的國家了。

在千禧年我第二次環遊世界時，才發現這種僵化已經到達無藥可救的地步了。例如，在一家餐館中，我請侍者給我一碗飯，侍者告訴我她不能給我菜單上沒有的東西─即使每個人都在吃壽司：用米飯做的壽司。我在世界的任何一個國家中都能用我的手機─除了日本（還有印度）。即使在非洲都能用，我的信用卡在日本卻行不通，因為它是外國核發的。你看它僵化到什麼地步！

不過我的確感覺到至少有一種改變就要發生了。日本的選民過去從來不曾對腐敗的自民黨說「不」，現在準備送一個明顯的訊息給他們的政客了。因為他們對國家一直走下坡的經濟衰退現象感到憂心。當時日本的股價很低，似乎可以做中程的投資，但是我必須說日本不適合做長期投資，因為這個國家有一個最嚴重的問題：出生率降低，而政府始終拿不出對策。除非有新的對策改善這個困境，不然一百年後就沒有日本了。

日本的選擇有：(1)獎勵生育，(2)鼓勵移民，或(3)忍受生活水準的降低。日本人目前不打算生孩子，又不開放移民，所以他們只有看著生活水準降低——至少成人是如此。假如情況繼續下去，日本的年輕孩子會對父母、祖父母留給他們的爛攤子大感憤怒。我開始研究凱蒂貓（Hello Kitty）的股票，我預期某些改變會發生。

永遠對改變保持覺知

這個世界是變動不居的，你眼前的功課是找出一種處理這些改變的方法。我所謂的改變不是那種表面的，而是基本的、深層的、通常幾十年才會發生一次的轉換。世界現在正在轉變，那個在二十一世紀有潛力能夠變成超級強國的，不是美國，而是中國。當我在二十多年前橫越中國旅遊時，我就感覺到這個改變即將發生。我親眼看到、而且真正感覺到中國的潛力：它有十三億人口，它有超強的經濟能力。過去一段時間這個改變已經發生，不久的將來就會將中國引導到一條世界強權的路上。

當我還是個孩子時，美國是世界第一強國。現在我們是歷史上最大的債務國，在許多地方都過度開發、過度擴展。當你們的祖父自第一次世界大戰的飛行員除役，解甲歸田回到奧克拉荷馬州時，每個人都知道英國是最強、最富有的國家；曾幾何時，不過一個世代之內，它失去了它的帝國，經濟崩盤，甚至得實施金融管制，一敗塗地了。

我在想，你能夠適應發生在周遭的改變嗎？還是你會抵抗改變，一直懷念一去不復返的好日子？那些不願承認改變的到來、不肯接受改變的人會被時代淘汰，而得益的是那些能看出改變、擁抱改變的人。

永遠買高品質的東西，它們經久耐用，更能保持價值。

10 面對未來

把你的眼光放在未來，
不要眷戀那些遲早會過時東西。
不管你曾經投下多少的時間、精力和金錢，
一旦這個東西走了、過時了，它就永遠消失了。
把賭注押在你知道它會長存的東西上面，
那些看得見未來的人可以累積財富。

假如能讀到未來的報紙，每個人都可以成為百萬富翁

在我二十好幾時，公司一位主管在讀早報時告訴我：「吉姆，當股市開盤時，X公司會有十萬股股票要賣，每股的股價是Y元，我要你去買那些股票。」當股市開盤時，果然那家公司有那麼多的股票要以這位主管說的那個價錢賣出。

他能夠從看報紙中發現什麼事即將發生，直到今天依然教我印象深刻。

那些看得見未來的人可以累積財富。在一九九〇年環遊世界後，我寫了一本旅遊札記。最近有個記者告訴我他看了這本書後，非常驚訝我所預言的都發生了，例如民族主義的興盛和好戰的伊斯蘭。他不能了解為什麼我可以看見未來，但我所做的

其實就是每個主管所做的——我「看新聞」。

我的摩托車環遊世界之旅，正巧碰上共產主義和資本主義冷戰結束的時候。我在旅行經過共產國家時，感覺到蘇聯共產主義不顧種族的歧異而強制劃分的所謂國界，正逐漸變得形同虛設，因為國界並不能解決民族問題。我不需要政治架構就可以想像得到，人民終究會堅持他們自己的民族或宗教認同。

我之所以得出這個符合邏輯的結論，是因為我一直對歷史和哲學有興趣。在這個實例中，我的早報讓我第一手觀察到，改變真的在這些地區展開了。

許多國家會分裂

從現在起的百年間，地球上會出現三百到四百個國家，幾乎是

在你上雜貨店購物之前，一定要先填飽肚子
——你才不會買過頭了。
在商業午餐談公事時，不要喝酒。

現在的兩倍。

今日全世界的人們開著豐田汽車，隨著瑪丹娜（Madonna）的音樂起舞，吃著麥當勞（MacDonald's）漢堡和中國菜，但這樣的改變會讓有些團體的成員產生厭倦的效應。這些人在尋找一個他們比較熟悉、比較容易控制的替代方案。

當人們不再受著集權政府教條主義的束縛時，他們開始尋求宗教上、種族上及語言上的關係來表達自我認同。這遲早會重繪疆界的地圖，使這個世界變得更零碎、更複雜。

伊拉克會因宗教而分裂，最後變成三或四個國家，加拿大、俄羅斯、印度、巴西和伊朗很可能也一樣。只要了解過去的歷史，並知道最近發生了什麼事，你就會看到這些發展趨勢是不可避免的。我找不出目前世界上任何一個國家的政府和疆界在兩百年內沒有變動的，世界會持續不斷的變下去。

不要把賭注下在快出場的東西上

把你的眼光放在未來，不要眷戀那些遲早會過時的東西。不管你曾經投下多少的時間、精力和金錢，一旦這個東西走了、過時了，它就永遠消失了。

幾百年以後，世界大約只會剩下三十種語言，許多語言在你有生之年會因無人使用而消失。假如你只會說一種即將消失的語言，除非是你喜歡這種語言，否則恐怕你不但找不到一份好工作，更別提生意機會了。

那些或許會保留下來、經過幾百年還在的語言，可能是英文、中文和西班牙文。假如你真的希望成功，把賭注押在你知道它會長存的的東西上。

女性時代即將來臨！

在亞洲有個重要的改變：女性的短少。傳統上亞洲人比較歧視女性，對待女性和對待男性不同，不論表現得如何出色，女性在這個社會中都得不到相同的機會，工作薪資與升遷同樣受到不公平的對待。但所有這些就要改變了。在中國、韓國和印度，生男孩都是家庭的優先選擇，所以現在女孩短缺。很快地，亞洲的男子會有尋找配偶的大難題。很多年前，歐洲也發生過同樣的問題，結果是男方得付一大筆聘金才能娶到太太，女人變得非常重要和有權力。在不久的將來，亞洲也會一樣。

有些政府亟思改變，然而特別是對一九九五年之後出生的女性來說，生活會很不一樣。巨大的變化已經在教育上、工作的聘任上、政治上、經濟上和家庭中等各個方面發生了。我為自己有兩個女兒高興極了。

世界會在各個層面持續不斷的改變。幸運的是，你是女孩，而且能用中文和英文溝通。好好的研究歷史，使你自己熟悉世界現在所發生的改變。把這些話牢記在心頭，它是你進入美好的未來的鑰匙。

假如你有借錢，永遠要準時還錢，盡可能一有錢就還掉借款。好的信用非常重要，壞信用會如鬼魅，經年糾纏著你。

11

反眾道而行

假如你在尋找成功的契機，
動作快，開始一個新的、沒有人試過的東西。
假如你有勇氣買一個還不起眼的東西，你就可能發財。
不論什麼時候，只要你感覺自己無所不能時，停下來。
什麼事都不要做，坐下來休息一下，
克服感染你的烏合之眾心理。

I'M THE
DADDY

尋找別人忽略的地方

大部分的投資者只注意走勢強勁的市場。到一九九八年，我已經做了很多的研究，讓我知道原物料的時代來臨了。在當時幾乎沒有人注意到，由於原物料市場的長期下滑，供給已經十分有限了。有個記者問我對個人投資者最好的忠告是什麼，我把桌上的糖推向她說：「這就是最好的投資，把它帶回家。」當時糖的價格是每磅五・五美分。這個記者狐疑的望著我，這使我不禁微笑起來。對別人來說越荒謬的事，對你來說越是可以得到正面結果的投資良機。

假如你在尋找成功的契機，動作快，開始一個新的、沒有人試過的東西。假如你要投資，去找空頭市場。許多人因為投資在別人沒有注意到的地方而賺錢，如在一九九八年把錢投在原物料上。假如你有勇氣買一個還不起眼的東西，你就可能發財。糖的價格後來漲了三倍。不追隨傳統智慧，你才有可能會賺大錢。而且我敢跟你打賭，那位記者白白喪失了她賺錢的機會。

越確定，越不可能有利可圖

很多人來聽我演講，然後問我，有沒有哪種投資是「穩賺」的，或是什麼時候他們應該買或應該賣。當人們問某樣東西有「多確定」時，我的回答一貫是：「我不知道。」這世界上沒有什麼東西是絕對確定的，除了我對你們的愛。

假如某項投資一定會成功，那麼所有人都會抓住那個機會。對一個準備好為他的行為負全責的理性投資人來說，「確定」這個詞是他很難了解的。許多人認為絕對不會錯、絕對有把握的事，很多時候往往是錯的。

不要用你希望的來思考

不要因一廂情願而採取動作。假如你不去檢視事實和機會，你會被群烏合之眾心理沖昏頭。當你看到人們用同樣的方式在投資時，就是該客觀地評估供給和需求的時候了。

在一九八〇年，當金價高漲到一盎司八百美元時，每個人都希望擁有黃金。但是你可以看到黃金的產量已經過剩─因為供應商在價格高漲時，一定會想辦法提升他的出貨量。在金價狂跌之前，許多人花了大錢買黃金，認為黃金與其他的原物料不同。但是，當然他們錯了，黃金和其他的原物料沒兩樣。

當你看到這麼多人變得不切實際時，停下腳步，客觀的評估供給和需求是否平衡。只要在心中記住這個基本原則，你就離成功越來越近了。

知道何時什麼都不要做

一旦你認為自己是個投資天才—而事實上你只是運氣好、碰巧發了財—就是你需要坐下來，什麼都不做，休息一陣子的時候。假如你瞎貓碰到死老鼠，在多頭市場發了，因而認定自己有投資的天賦異稟，你得立刻停下腳步，不要再做任何投資。這時再投資就有危險，因為你開始跟別人的想法一樣了。

不論什麼時候，只要你感覺自己無所不能時，停下來。什麼事都不要做，坐下來休息一下，克服感染你的烏合之眾心理。

永遠用冷靜、理性的態度看待真實世界，你會打造出屬於自己未來的成功。當你可以說服自己，你的思考是有效度的、合理的時，就是你開始行動的時機了。

避免辦公室戀情，它通常的結局是一方或雙方個人及事業的災難。

12

幸運女神只眷顧持續努力的人

一旦踏出追求夢想的第一步，
你就要盡一切努力。這是你的功課。
假如你想成功，絕對不能忽略你該好好準備。
假如你涉入自己不懂的事物，那你永遠不會成功。
用功讀書，學得越多你才知道你懂得越少。

做好你的功課，
否則最後得到的會是玻璃珠

一旦踏出追求夢想的第一步，就要盡一切努力。這是你的功課。假如你想成功，絕對不能忽略你應該好好準備。我所做的成功投資，都是因為事先花時間盡可能的蒐集資訊，詳細研讀每個細節。假如你涉入自己不懂的事物，那你永遠不會成功。假如你對自己不了解的東西下注，這不是在投資，這叫賭博。

在納米比亞（Namibia）的旅行途中，我買了一顆鑽石送給你們的母親，店家說這顆鑽石值七萬美元，我殺價殺到五百美元。（才看了這顆鑽石一眼，你母親就宣稱我被坑了。）後來，我在坦尚尼亞（Tanzania）把這顆鑽石秀給一位鑽石商人看，他大笑，因為那不是顆鑽石，而是玻璃珠！當然我知道鑽石的價值，但是我所知道的也就只有這樣。我不能分辨真的和假的鑽石，所以我會上當。我一直告訴人家只能投資在你懂的東西上，自己卻在鑽石上栽了個大跟頭。

假如你想成功，一定得知道自己在做什麼。如果你連如何區辨一顆鑽石的真假都做不到，最後你手上握有的，和我一樣，就只是一顆玻璃珠。現在回頭看，我很高興這顆昂貴的玻璃珠不是真的鑽石，它提醒我遠離自己未能完全了解的事情，這個教訓真的是太便宜了。

自大會使你看不見真相

繼續往前走，直到你開始覺得自大了。這時，你就需要停下腳步反思。一旦虛榮心和自以為了不起佔據你的心，很快的，你就會失去所有的成功。

你只要看看美國就了解了。有些美國人對世界沒有興趣，他們認為自己是世界的中心。他們就是不了解為什麼美國做不出具有競爭力的產品，他們相信讓貨幣貶值是將美國製造的東西賣出去的關鍵。有那種邏輯，難怪美元不能長期保持強勢。

無知源於扭曲的妄尊自大感，千萬不要讓你自己變得自大。用功讀書，學得越多你才知道你懂得越少—懷抱著這樣的謙虛，你才能夠跳脫出自傲與自滿，永遠不會失去洞見真相的能力。

當你朝夢想前進時，不要停步

當我與你母親開車環遊世界時，得知我的父親病重，最後過世了。但是我沒有中止我的旅程，回到父親身邊，讓我告訴你為什麼。對我來說，環遊世界是父親和我共同的夢想，父親堅持不可以因為他的關係而中斷我的旅程。當父親的情況越來越不好時，我知道告訴他我以他為傲、我很愛他才是最重要的，所以我盡可能的打電話回家，寫信給他，但是我沒有回到美國。父親要我承諾我會實現我們共同的夢想。

我要你去實現自己的夢想，這也是我的夢想。做為你的父親，我希望你能擁有一個快樂、充實的人生，我希望你能毫不遲疑的追求你的熱情所在。持續朝你的夢想前進——不是別人的夢想，也不是我的夢想。很多人試著為別人而活——為他們的孩子、他們的配偶、他們的父母、他們的朋友甚至他們的鄰居，但是那種生活無法為自我成長和進步留下任何空間。我不要你為我而活，我鼓勵你過自己想要的生活，那是因為我愛你。而你為了使自己的生活過得最充實所做的每一分努力，都更加深我對你的愛。

你們的母親總是替你們塗防曬油，她是對的。我從來不用防曬油，你可以從我的臉和你母親的臉上看到這種差異。

把這個訊息傳給你的孩子

我父親教我的一切，我很希望把它再傳給你們。我知道把你們倆扶養長大成人是我一生中最大的探險。樂樂，當你仍在你母親的肚子裡時，我已經替你準備好一張世界地圖及一具地球儀，還有一個小豬撲滿。當然，我也會替碧兒準備好。

我對可以教你們什麼興奮得不得了，我有好多心得想要告訴你們，或許我沒辦法全部都說完，但是我確信我可以教你們很多東西。我可以教你們投資，教你們如何愛別人，教你們努力達成自己的夢想，在你一生中實現它們。我也會與你們分享我從我父親那裡學來的一切，我希望有一天，你們也會與自己的孩子分享這一切。

側寫

羅傑斯：生女兒是我這輩子最好的投資！

單小懿

這幾年拜原物料、農產品價格飛漲之賜，讓「吉姆．羅傑斯」（Jim Rogers）這個名字在台灣爆紅。最近因他投資台股、會晤馬總統，更成為報紙頭版人物。

羅傑斯主修歷史，從研究所畢業之後進入華爾街工作，後來與索羅斯（George Soros）一起創立了全球知名的避險基金──量子基金，負責其中的研究工作。由於他們犀利的眼光和大膽操盤，羅傑斯不到40歲就賺到足夠退休的金錢，按照他自己的說法，「雖然很喜歡華爾街的生活，但實在難以想像一輩子都在辦公室當分析師」，所以他在37歲時退休，開始他兩次環遊世界的冒險。在過程中他發現了崛起中的中國，和長線十五年的農作物大好光景。

然而，這些金錢遊戲的樂趣和動輒十位數的獲利，並不能讓羅傑斯滿足。「我這輩子最好的投資就是生了我女兒。」當我們造訪羅傑斯位於新加坡住所時，這位65歲的投資大師如是說。說話的同時，他的眼神緊盯著才5歲大的女兒樂樂，慈父之情，溢於言表。

羅傑斯最為人所知的，莫過於讓小孩學中文；實際上羅傑斯對中文的重視，超乎我們想像。當見到大女兒樂樂時，羅傑斯要求我們一定要跟她說中文，他不希望中斷小孩的中文學習，而樂樂也用中文與我們交談。頭一回跟一個金髮碧眼的小女孩說中文，感覺真是奇妙，常常要忍住說英文的衝動，才能正常用中文跟她溝通。

羅傑斯不諱言，60歲老來得子，他很難不寵小孩，給她上最好的學校，花錢雇中文家教，可是他與太太兩個人也非常重視女兒的紀律。好比訓練女兒做家事，要求女兒該上的課還是要上，不讓女兒隨心所欲缺席等等；但同時也開放許多興趣，讓樂樂自己選擇，諸如選擇學習游泳或者其他嗜好。「我其實常常擔心女兒會不會被寵壞，現在還看不出來，但我們盡量不要溺愛她。」羅傑斯說。

其實這次採訪除了分享他的教育觀，更難得的是他也談起父親對他的家庭教育。他出生在美國中部的中等家庭，可是戰後的經濟蕭條，讓整個小鎮陷入經濟困境，也因此羅傑斯從小就對賺錢充滿興趣，5歲開始撿瓶子，6歲就在棒球場邊賣花生和果汁，而他的父親向來鼓勵他要冒險，並且曾經許下與他一同環遊世界的夢想。

對於老外這種完全獨立的教育方式，坦白說，我們感到十分不可思議，這是不可能出現在台灣父母身上的，畢竟台灣父母一定會有安全顧慮，無法完全放手讓小孩自己闖蕩。然而也因為羅傑斯從小體悟到凡事必須自己負責，才造就他勇於逆向思考的人生哲學。

（本文作者為商業周刊資深記者）

國家圖書館預行編目資料

投資大師羅傑斯給寶貝女兒的 12 封信
Jim Rogers／著；洪蘭譯 . -- 三版 . --
臺北市：遠流 , 2018.03
面；　公分
譯自：A gift to my daughter

ISBN 978-957-32-8203-7（平裝）

1. 親職教育 2. 子女教育

528.2　　106025046

A GIFT TO MY CHILDREN: A Father's Lessons for Life and Investing
Copyright © 2008 by Jim Rogers
This edition arranged with Beeland Enterprises, Inc. c/o William Morris Agency, LLC. through Andrew Nurnberg Associates International Limited
Complex Chinese translation copyright © 2008 by Yuan-Liou Publishing Co., Ltd.
All rights reserved

親子館 A5042
投資大師羅傑斯給寶貝女兒的12封信（暢銷回饋版）
成功的人生，成功的投資

作者：Jim Rogers
譯者：洪蘭
總監暨總編輯：林馨琴
副總編輯：陳莉苓
主編：林淑慎
特約編輯：陳錦輝
封面設計：李潔
行銷企畫：陳盈潔

發行人：王榮文
出版發行：遠流出版事業股份有限公司
104005 臺北市中山北路一段 11 號 13 樓
郵撥／ 0189456-1
電話／ 2571-0297　傳真／ 2571-0197

著作權顧問：蕭雄淋律師
□ 2008 年 8 月 1 日　初版一刷
□ 2021 年 11 月 16 日　三版五刷
售價新台幣 280 元（缺頁或破損的書，請寄回更換）

有著作權 ・ 侵害必究　Printed in Taiwan
ISBN 978-957-32-8203-7

遠流博識網
http://www.ylib.com
E-mail: ylib@ylib.com

A · G I F T · T O · M Y · C H I L D R E N

A·GIFT·TO·MY·CHILDREN

A·GIFT·TO·MY·CHILDREN

A·GIFT·TO·MY·CHILDREN